VUES

DISCOURS ET ARTICLES

SUR

LA QUESTION D'ORIENT.

IMPRIMERIE DE H. FOURNIER, ET COMP., 14, RUE DE SEINE.

VUES

DISCOURS ET ARTICLES

SUR

LA QUESTION D'ORIENT

PAR

ALPHONSE DE LAMARTINE

MEMBRE DE LA CHAMBRE DES DÉPUTÉS

PARIS

CHARLES GOSSELIN, LIBRAIRE

FURNE ET C⁰, LIBRAIRES

—

1840

PRÉFACE.

On présente ici au lecteur en faisceau les articles et les discours sur la question orientale, question du siècle et question du monde. Voici le nœud qui les lie. C'est l'historique en peu de mots de cette affaire, et des circonstances parlementaires et diplomatiques qui ont donné lieu à ces manifestations d'une même pensée.

Depuis 1770, la décadence de l'empire ottoman est visible à tous les yeux exercés. Comment cet empire est-il tombé? comme tombent tous les empires; quand leur principe de vie s'est retiré d'eux. L'empire ottoman, qui n'était au fond qu'une magnifique théocratie militaire, avait besoin de deux éléments

1

pour subsister: le fanatisme et la conquête. Une nation comme les Turcs, qui ne voulait ni cultiver, ni commercer, ni s'administrer, devait s'affaisser sur elle-même le jour où elle n'aurait plus ni le zèle de la propagation de ses dogmes, ni des peuples à soumettre et à faire travailler pour elle en les pressurant. Ce jour est promptement venu. Les forces relatives de l'Europe avaient grandi, les siennes avaient diminué. Elle n'avait plus même la force de la persécution. La population turque était tombée à rien en proportion des immenses territoires qu'elle avait à gouverner. Les herbes parasites étouffaient partout la tige d'Osman; les Chrétiens débordaient les Ottomans même dans l'empire. Le jour où ils se compteraient devait être le dernier de Constantinople : ce jour est venu partout.

Mais la vieille renommée des empires les protége longtemps après qu'ils ont cessé d'être des réalités. Les chancelleries diplomatiques ont des préjugés et des routines plus tenaces peut-être que les individus. Le jour pénètre plus difficilement dans ces archives de la tradition que partout ailleurs. On était persuadé encore au ministère des affaires étrangères, en 1830, que la Turquie pouvait équilibrer la Russie en Orient, et servir de rempart à l'Occident. De ce côté, la tentative diplomatique du général Guilleminot à Constantinople, en 1831, le prouve. La France crut avoir là un allié en cas de guerre générale : elle en menaça la

Russie. Rien n'est comparable à cette chimère, si ce
n'est cette autre chimère plus folle des hommes d'état
de 1840, qui se persuadent et qui veulent persuader
à leur pays que la France aura un *puissant allié* dans
le pacha d'une petite province turque, et que Méhémet-Ali sera le contrepoids de la Russie ! On accuse
de rêver ceux qui osent dire le contraire et montrer
le néant de ce système. O malheureux temps où les
vérités les plus élémentaires sont accueillies comme
des rêves, et les rêves les plus ridicules accueillis
comme des pensées d'homme d'état ! Attendez cinq
ans, et vous verrez que vos rêves n'avaient pas même
la réalité d'une apparence. Votre empire arabe et
votre califat rajeuni seront ce qu'ils sont, *les Mille et
une Nuits* du 1er mars.

La Turquie est tombée le même jour que la Pologne, et du même coup. Le plus grand homme de
guerre du dix-huitième siècle, Frédéric envoya à l'im-
pératrice Catherine le plan de cette campagne d'un
siècle ou deux, qui commença au Danube et à la
Crimée, qui continua en Moldavie, en Valachie, au
Caucase, et qui finira à Constantinople. Catherine,
qui savait que les Turcs n'étaient plus rien, s'occupa
d'abord à détacher d'eux les Tartares, seule force
réelle de leurs armées. Elle y réussit ; elle pensa alors
à en détacher les Grecs, seule force réelle de leurs
flottes. Elle envoya les Orlof en Grèce ; elle fit insur-
ger le Péloponèse ; le feu du zèle religieux prit par-

tout. L'analogie de religion lui donna pour jamais
l'innombrable population grecque du continent et
des îles. Cela fait, elle brûla la flotte ottomane à
Tchesmé; ses généraux virent se fondre devant eux,
sur le Danube, les quatre cent mille Ottomans con-
duits par le grand visir Emin-Pacha. Ce fut le dernier
soupir de l'islamisme en Europe; il ne fut plus désormais qu'un souvenir; et l'armée turque débandée, et
traversant Constantinople, put dire ce qu'elle dit alors
sous les murailles du sérail : « — Nous allons nous
préparer pour le baptême; une nation blonde doit
détruire la Turquie. »

Depuis cette époque, l'existence de la Turquie n'a
été qu'une tolérance politique de la Russie et de l'Autriche. On a entendu chaque année tomber une pierre
de ce monument superposé au sol, un rameau de cet
arbre qui ne végétait plus. La Moldavie et la Valachie se sont détachées, et sont entrées dans ce régime
mixte qui rend l'empereur de Russie co-souverain de
ces provinces. Le littoral de la mer Noire a été rongé
graduellement par le flux incessant des forces russes.
La Servie s'est levée tout entière et a exterminé les
Turcs à la bataille de *Sophia* ; elle s'est organisée sous
le prince Milosch, patriote antique, le Washington
de ces forêts. La Bulgarie n'attend qu'un homme : il
se lèvera demain. Les Grecs du Péloponèse ont brisé
le joug; l'Europe, imprudente dans votre système,
généreuse dans le mien, leur a tendu la main. Les

voilà constitués et essayant de vivre. L'Arabie a été toujours plus arabe que turque ; elle appartient aux Bédouins et aux *Imans* bien plus qu'au sultan ou au pacha d'Égypte. L'Égypte s'est séparée de l'empire et essaye d'en emporter les plus grands morceaux en Asie ; l'Afrique est à nous ou aux petits souverains de Tunis, de Tripoli, de Maroc : le lien est rompu. Que reste-t-il donc à la Turquie proprement dite ? Constantinople et les provinces adjacentes en Europe et en Asie, c'est-à-dire un territoire large encore, mais presque entièrement peuplé de Grecs ou d'Arméniens ; et enfin la Syrie, que le pacha d'Égypte a usurpée et occupe par la violence. D'empiètement en empiètement, Méhémet-Ali, arrivé jusqu'au Taurus, ne veut plus rétrograder. Voici sous quels prétextes il s'est avancé jusque-là, et veut y planter la borne d'un empire arabe.

La Syrie, magnifique province ou plutôt royaume, s'étend sur une longueur de cent cinquante lieues entre le désert d'Égypte et le Taurus qui la sépare de l'Anatolie. Chypre, île de quatre-vingts lieues de long sur trente lieues de large, est dans ses eaux et en fait pour ainsi dire partie. Chypre, sur une population de quarante mille âmes, ne compte que quelques centaines de Turcs. Les populations de la Syrie sont aussi diverses que ses aspects. Elle a des Grecs dans toutes les plaines occidentales, des Turcs à Damas et à Homs, des Bédouins errants dans les déserts méridionaux, des Arabes pasteurs et cultivateurs dans la Palestine, des Israélites à Jérusalem et à Tibériade, des Ansariés, des Métualis, des Druzes dans les montagnes, et enfin des Maronites dans le Liban. Les Maronites, par leur caractère belliqueux et discipliné, autant que par leur forteresse naturelle, sont la nation importante et dominante de ces contrées. Ils sont chrétiens et même catholiques. Leur souverain, qu'on appelle le grand prince ou l'émir Beschir, est lui-même catholique. Il les gouverne conjointement avec les Druzes, autre nation qui n'est ni arabe, ni turque, ni musulmane, ni chrétienne, mais qui a une origine obscure et une religion inconnue. Ces deux peuples, jetés pêle-mêle sur le même territoire, ont leurs villages confondus et mêlés les uns dans les autres. C'est une sorte de fédération semblable à celle des cantons helvétiques, mais qui s'administrent en commun et combattent ensemble sous la souveraineté féodale de l'émir. Ces deux peuples peuvent mettre sous les armes trente à quarante mille hommes aguerris en vingt-quatre heures. Par la supériorité de leur énergie, par l'unité de leur gouvernement, par le site de leurs montagnes, par les défilés de leurs vallées, qui débouchent à la fois sur Damas, sur Alep, sur Jérusalem, sur Acre et sur Beyrouth, ils font trembler toutes ces villes et s'en emparent toutes les fois que l'émir leur commande une invasion. C'est évidemment le peuple normal, le peuple-roi de la Syrie.

Ces populations, libres et industrieuses, aimaient assez le régime turc. Ce régime était mou et laissait grandir à côté de lui toute chose. Encore un peu de temps et la Syrie eût été presque entièrement syrienne. Le Grand-Seigneur la gouvernait par des pachas dont les résidences étaient Tripoli, Alep, Damas et Saint-Jean-d'Acre. Ils avaient peu de troupes, peu d'autorité, peu de crédit dans la Syrie centrale. Un seul homme avait pris un grand ascendant personnel dans la Syrie méridionale : c'était *Dahër*, cheik de Safad, et qui s'était emparé, en 1749, de Saint-Jean-d'Acre et l'avait fortifié. Djezzar-Pacha lui succéda. Ce fut lui qui résista à Bonaparte et força l'armée française à rentrer en Égypte. Après sa mort, en 1804, la Porte lui nomma un successeur. En 1830, c'était Abdalla-Pacha qui possédait Acre.

Abdalla-Pacha, né à Saint-Jean-d'Acre, et porté à ce poste par beaucoup d'audace et beaucoup de bonheur, se proposait Dahër et Djezzar pour modèles. Il voulait se rendre indépendant en Syrie et la ranger tout entière sous sa domination. Ses tentatives étaient celles d'un homme ambitieux, mais faible, qui veut plus qu'il n'a le courage d'exécuter. A demi révolté plusieurs fois contre la Porte, il était rentré dans l'obéissance et avait obtenu son pardon, comme l'obtiennent tous ses semblables, en corrompant le divan à force de subsides secrets.

Dans ce même temps Méhémet-Ali organisait

l'Égypte, conquérait la Mèke, prenait Candie, combattait en Morée contre les malheureux Grecs, et convoitait la Syrie : Saint-Jean-d'Acre en était la clef. Il chercha je ne sais quel prétexte de plaintes contre Abdalla, et prépara une expédition formidable contre lui. La Porte, épuisée par la campagne d'Andrinople contre les Russes, et humiliée par le traité qui lui enlevait la Grèce, n'avait pas sur ses propres visirs l'autorité suffisante pour arrêter Méhémet. Elle réclama en vain. Il fit marcher Ibrahim. Ibrahim est le bras de Méhémet. Son culte respectueux pour son père est sa seule religion. Méhémet pense et Ibrahim exécute. Il combat avec l'intelligence de l'Occident et l'obéissante fatalité de l'Orient. C'est le plus brillant instrument de la destinée de son père. Il partit.

On connaît le siége de Saint-Jean-d'Acre. Abdalla s'y montra digne de son vainqueur. La place en ruines ne fut rendue qu'après six mois de résistance héroïque ! Les Égyptiens y perdirent quatre mille morts. Ibrahim envoya Abdalla à son père, et celui-ci au lieu de faire étrangler le pacha vaincu, le reçut en héros et lui assigna un de ses palais au Caire pour résidence.

Ibrahim, maître de Saint-Jean-d'Acre, marcha sur l'armée turque qui s'avançait vers Alep pour défendre la Syrie. Les deux armées se rencontrèrent à *Homs*. Le choc fut léger : les Turcs se débandèrent et s'enfuirent jusqu'aux défilés du Taurus; ils s'y défendi-

rent mollement. Hussein-Pacha, leur général, repassa
les défilés du Beylon en déroute. On lui envoya un
successeur *Reschid-Pacha,* le vainqueur d'Ali pacha
de Janina, et le pacificateur des provinces d'Europe. Ce
général, dernier espoir du sultan Mahmoud, rallia
l'armée à Konyeh. Une seconde bataille perdue en
deux heures, livra la Turquie d'Asie à Ibrahim. Le
grand-visir, Reschid-Pacha, est fait prisonnier par les
Arabes. On le dépouille de ses armes et on l'amène à
Ibrahim. — N'êtes-vous pas le grand-visir ? lui dit le
fils de Méhémet. — Il n'y a qu'un moment je l'étais,
répond Reschid ; maintenant je suis ton esclave.

Cette défaite de Konyeh fit trembler pour Constantinople. Encore quelques marches, et Ibrahim y
entrait sans résistance. Mahmoud, désespéré, implora
le secours de la Russie. En trois jours, les Russes arri-
vèrent de Sébastopol dans le Bosphore avec une flotte
et une armée.

Pendant que la Russie protégeait ainsi la capitale
de l'empire, la France intervenait par la négociation
auprès d'Ibrahim. Sous les auspices des trois puissances, une convention était conclue à Kutaya entre
Ibrahim et le sultan. M. le baron de Varenne, chargé
d'affaires de France à Constantinople, en disputait les
conditions avec le vainqueur, et obtenait quelques
adoucissements pour la Porte. L'amiral Roussin, ambassadeur de France, dont on a critiqué la conduite
sans la comprendre, agissait en homme loyal et pre-

nait pour base de sa diplomatie la bonne foi et les traités. S'il eût été secondé par son gouvernement, cette politique de la probité eût été plus efficace que la politique ambiguë et tortueuse que la France suivit dans toute cette affaire. L'amiral Roussin disait dans ses actes : La France est l'amie du sultan; le sultan, pour être fort contre les Russes, ne doit pas être démembré par un pacha révolté. La France connaît Mahmoud, et ne connaît pas Méhémet-Ali. La France protége le grand-seigneur contre son spoliateur égyptien : c'est le seul moyen d'empêcher le grand-seigneur de se jeter dans les bras des Russes. Cette politique, qu'on a accusée de faiblesse, avait l'immense mérite d'être probe. ⟍

Le traité de Kutaya signé, Ibrahim rentra en Syrie, que le traité lui concédait. Mahmoud restait affaibli et humilié dans sa capitale. Les Russes se retirèrent du Bosphore en emportant le traité d'Unkiar-Skelessi, qui leur permettait d'y rentrer sur un appel du sultan. Voici la lettre autographe que l'empereur Nicolas écrivit alors au comte Orlof, commandant-général de l'expédition du Bosphore; le comte Orlof me la fit lire à *Bucguk-dheré*, au moment même où elle lui parvenait :

« Mon cher Orlof, vingt-quatre heures après que « vous aurez connaissance de la retraite des Égyp- « tiens, faites rembarquer mes troupes, et mettez à « la voile pour ramener l'armée à Sebastopol. Quand

« la divine Providence a placé un homme à la tête
« de soixante millions d'hommes, c'est pour lui faire
« donner de plus haut l'exemple de la loyauté et de
« l'accomplissement scrupuleux de sa parole. »

Que devenait la puissance ottomane après une
spoliation pareille sanctionnée ainsi par toute l'Europe ? Mahmoud sentit l'anéantissement de son empire, et l'on peut dire qu'il mourut de la mort de la
Turquie. Mahmoud n'était pas un homme médiocre
par le cœur ; il était un de ces grands hommes qui
naissent trop tard, et dont la renommée subit les torts
de leur fortune. L'empire était trop tombé pour qu'il
pût le relever quand il parvint au trône. Il y fit des
efforts qui auraient honoré Pierre-le-Grand. La des-
truction des janissaires fut conduite avec une habileté
de combinaisons et un héroïsme d'exécution qui doivent illustrer à jamais la pensée qui sut préparer et
le bras qui sut frapper ce grand coup. Cet héroïsme
fut perdu. Les tentatives de civilisation et d'organisation militaire usèrent sa popularité sans lui donner
une armée. Il ne se découragea pas d'essayer la fortune, même quand il fut découragé d'espérer en elle ;
il recommença la lutte contre Méhémet-Ali en 1838.
La bataille de Nezib, la trahison du capitan-pacha
emmenant la flotte turque à Alexandrie, furent les
préludes de sa fin ou les honneurs de ses funérailles.
Il laissa en mourant la moitié de son empire en proie
à un vassal triomphant, sa flotte entre les mains

d'un traître, sa capitale protégée par ses ennemis qui se la disputaient, et son trône à un enfant. Voilà la Turquie à l'heure où je parle. Mahmoud méritait mieux, si la fortune était juste ; mais elle est la fortune, c'est-à-dire cette puissance souveraine et railleuse qui rend quelquefois les vertus des hommes aussi impuissantes que leurs crimes, parce que ces crimes ou ces vertus ne sont pour elle que les moyens d'accomplir des desseins supérieurs aux vues bornées de l'humanité. Elle est juste et louable alors, et elle ne s'appelle plus Fortune, elle s'appelle Providence.

Pendant que tout cela s'accomplissait dans l'Orient, que se passait-il en Europe et en France ?

La vapeur était inventée, on l'appliquait à la navigation, et ces rivages de l'Orient qu'on regardait autrefois comme si loin de nous, se trouvaient tout à coup rapprochés à trois ou quatre jours de nos côtes. La politique du monde tendait par ce seul fait à l'unité. L'Orient et l'Occident, qui se touchaient, ne devaient pas tarder à se pénétrer.

La Révolution de Juillet éclatait en France.

Voilà les deux faits qui dominaient le commencement du siècle ; une force matérielle, et un mouvement.

La Révolution de Juillet fut un accident dynas-

tique, mais ce fut aussi une phase politique très-nor-
male, un des actes consécutifs de la Révolution de
1789. Si la maison de Bourbon qui avait rapporté la
charte de 1814, c'est-à-dire qui avait ramené avec la
dynastie émigrée de 1792, la liberté émigrée aussi et
chassée du continent par Napoléon, empereur et
despote; si la maison de Bourbon avait compris la
nation et le siècle comme Louis XVIII l'avait fait,
rien n'empêchait que la rénovation organique de
1789 n'accomplît ses développements et ne parcourût
ses phases sous la dynastie de la branche aînée. Au
contraire, la liberté avait plus de champ devant elle
avec cette dynastie plus enracinée et plus vieille. La
légitimité n'est qu'une habitude, ce n'est pas un droit.
Mais auprès des peuples qui ont plus de mœurs que
de logique, les habitudes ont souvent autant de
force que les droits. Cette dynastie bien conseillée
pouvait donc prendre avec plus de confiance que
toute autre la tutèle de l'esprit réformateur et initia-
teur du siècle. Elle pouvait regarder la liberté et le
peuple en face, parce que l'un et l'autre la connais-
saient depuis que Louis XVIII les avait reconciliés
en 1814. *Experti invicem sumus ego ac fortuna!*
Elle pouvait être d'autant plus libérale qu'elle était
plus universellement acceptée, consentie, respectée.
Rien ne rend plus facile d'être généreux que d'être
fort. Les ministres de Charles X ne comprirent que la
peur de la révolution; ils voulurent la prévenir par

de l'audace, ils attaquèrent la force qui ne demandait qu'à se donner à eux ; en trois jours la lutte fut
décidée : une dynastie fut rejetée toute entière dans
l'arriéré de nos monarchies ; trois Rois sortirent le
même jour de France, l'un pour pleurer sa faute et
sa couronne, l'autre pour régner dans l'exil, le plus
jeune pour grandir loin du trône entre un passé
sinistre et un avenir inconnu. La France hésita
quelques jours sur les institutions qu'elle se donnerait, elle eut peur d'elle-même, et pour éviter la république, elle se précipita dans la seule famille qui
pût lui porter des dynasties ; elle ne cherchait qu'un
Roi ; par hasard, elle rencontra un homme. Le gouvernement de Juillet fondé d'urgence sur une nécessité eut une tête ; il oscilla quelque temps comme
tout ce qui cherche son aplomb ; puis enfin il s'établit
et il dessina sa politique.

Sa politique au dedans fut admirable comme politique d'un gouvernement provisoire ; il fallait avant
tout rétablir l'ordre profondément compromis. La
garde nationale, la Chambre et le Roi combattirent,
les uns sur le trône, les autres à la tribune, ceux-ci
dans la rue, avec une énergie et un dévouement qui
étonnèrent et qui lassèrent l'audace même de l'anarchie ; la révolution recula, désarma, ajourna. Ces
pages seront bien belles dans l'histoire ; il y eut des
journées où l'Europe entière ne portait plus que sur
les baïonnettes des citoyens de Paris. Le nom de

Casimir Périer sera grand pour avoir personnifié cette lutte; l'ordre matériel fut rétabli, mais fut-il fondé? Ici je doute comme j'ai douté alors.

Selon moi, il fallait d'abord faire cela et puis autre chose; il fallait trouver le sens caché des révolutions de 1789, de 1814 et de 1830, et le personnifier dans les institutions de Juillet. Il fallait trouver une base au gouvernement nouveau; il fallait l'identifier, l'incorporer avec un principe. Ce principe, ce n'était pas le principe de la légitimité monarchique, puisqu'il était tombé de faiblesse trois fois en quarante ans, et que les journées de Juillet venaient d'emporter ses débris; ce n'était pas le principe républicain proprement dit, puisque les souvenirs de 1793 avaient justement refoulé le peuple jusqu'à l'ombre d'un trône nouveau. Ce n'était pas le principe militaire, puisque le despotisme et l'invasion en étaient tout récemment sortis, et qu'excepté *quelques rêveurs surannés de gloire*, la dernière tête pensante du pays comprenait la loi nouvelle, la loi du travail, qui vit de paix. Ce n'était pas le principe aristocratique, puisque 1789 ne s'était levé que contre l'inégalité des castes; ce n'était pas, comme une secte spirituelle et dogmatique le préconisait dans les journaux et à la tribune, la constitution de la classe moyenne, puisque ce n'était là que de l'aristocratie déplacée et du privilége sans prestige. Qu'était-ce donc? La constitution organique et progressive de la démocratie toute entière, le prin-

cipe expansif de la charité mutuelle et de la frater-
nité sociale organisé et appliqué à la satisfaction des
intérêts des masses. La solidarité du trône et du
peuple dans sa plus large et dans sa plus universelle
acception. Là, le gouvernement nouveau aurait trouvé
son principe, sa base, sa raison d'être et ses conditions d'existence et de durée ; de ce principe hardiment découvert, et sagement pratiqué, il eût vécu, il
eût grandi, il eût duré ce que durent les gouvernements, le temps de leur mission. Ce principe aussi
moral que populaire eût été sa légitimité, sa religion
à lui, et il eût été sa force suffisante contre toutes les
factions. Le problème était celui-ci : faire du pouvoir
la personnification du peuple ; autrement le peuple se
personnifie dans les révolutionnaires et dans ses tribuns. L'ancien régime s'était appelé le gouvernement du sacerdoce, puis le gouvernement des nobles ;
la république s'était appelée le gouvernement de la
foule, l'empire s'était appelé le gouvernement de
l'armée, la restauration le gouvernement des chambres ; 1830, s'il voulait avoir un nom devait s'appeler le gouvernement des masses. Sa mission comme
son salut, c'était de prendre en main les intérêts moraux et matériels de l'humanité entendue dans sa plus
large acception, et de faire des *OEuvres populaires,*
non pas par des *Institutions ultrà populaires,* mais
par un pouvoir hardiment emprunté au peuple et
restitué en bienfaits au peuple ; il y avait là une

longue et large carrière, on n'y a fait que peu de pas!
La révolution est finie, disent tous les dix ans depuis
cinquante ans les hommes à vue courte. La révolution commence tous les jours, disent tous les jours
les sages; la révolution politique a accompli en effet
une ou deux de ses phases. La révolution sociale, non.
Elle n'a pas touché encore à sa plus grande question :
le pouvoir, providence du peuple, la charité dans les
lois.

Quant à l'extérieur, je l'ai dit dans un des articles
contenus dans ce recueil, la diplomatie des quatre ou
cinq premières années du gouvernement de Juillet est
un chef-d'œuvre d'habileté, de ménagement et de
sagesse. Elle a compris la paix, et elle l'a fait comprendre. C'est pour cette intelligence qu'elle sera
honorée et bénie. Elle a plus servi les idées par ces
dix ans de paix maintenue que par dix journées
d'Austerlitz. Ceux qui vocifèrent la guerre sont d'un
autre siècle; ce sont des esprits attardés ou impatients
qui placent la violence du bras de l'homme au-dessus
de la toute-puissance de l'esprit humain. Le moindre
soldat comprend la guerre; c'est l'œuvre brutale : il
fallait un sage pour se dévouer à la paix. C'était l'héroïsme de l'intelligence. Un prince négociateur peut
être plus grand qu'un prince conquérant : les traités
sont des conquêtes.

La politique de la France fut donc bien conduite
jusqu'à deux questions qui n'étaient point la guerre,

mais qui étaient deux grandes positions prises pour
la paix. Ces deux questions sont l'Espagne et l'Orient.

Je l'ai dit à la tribune dès 1835, et bien avant qu'on
ne me comprît ; je l'ai dit à l'époque où la gauche
même se scandalisait de l'audace de mes paroles ; je
l'ai dit à l'époque où je le disais tout seul ; je l'ai dit
avant que le ministère du 22 février eût inventé cette
coopération insuffisante et compromettante que la
chambre fit bien de lui refuser. La France devait à
l'Espagne, à elle-même, à sa gloire, à sa vertu, à sa
politique et au monde, d'intervenir en Espagne.

Les analogies d'institutions, de situation, de races,
d'intérêt politique, sont les *parentés* des nations. Ces
parentés imposent des devoirs et confèrent des avantages. La France a toutes ces parentés avec l'Espagne ;
elle en avait une nouvelle, l'établissement simultané
de la liberté constitutionnelle. Laisser périr dans les
convulsions sanglantes de l'anarchie la cause de la
reine et de la liberté en Espagne, c'était forfaire à sa
propre liberté en France. Laisser l'Espagne se démembrer dans les boucheries de la guerre civile, c'était
forfaire à l'humanité. Laisser don Carlos, soldé par
l'Europe absolutiste, combattre au nom des puissances
la cause française en Espagne, et le regarder faire,
c'était forfaire à la dignité et à la sécurité de la France
en Europe. Pour ces trois causes, un gouvernement
humanitaire, politique et national devait intervenir
avec toutes ses forces en Espagne. Dans la voie de la

justice et de son droit, une nation doit tout ce qu'elle peut. Nous ne l'avons pas fait, nous en serons punis; nous le sommes déjà par l'isolement. Nous avions là une sphère d'influence et une attitude; nous n'avons plus ni l'une ni l'autre.

Quant à l'Orient, on verra dans ce recueil que, dès 1834, j'ai averti l'opinion, le gouvernement, la chambre, que toute la politique extérieure de la France était là, et qu'il fallait négocier d'avance sur l'éventualité certaine de la chute et du démembrement de l'empire ottoman. On voit aujourd'hui si je me suis trompé.

Il fallait deux choses à la France après 1830 : la paix d'abord, sa sagesse l'a conquise; des alliances ensuite pour lui servir de point d'appui dans les éventualités de la guerre un jour. Ces alliances, ce système français pour son avenir, la France les trouvait inévitablement dans la question d'Orient prise de loin et bien prise. Trois puissances, l'Angleterre, la Russie, l'Autriche, avaient chacune un intérêt vital dans la question d'Orient : la Russie, un intérêt d'expansion vers Constantinople; l'Angleterre, un intérêt de communication vers les Indes; l'Autriche enfin, un intérêt de préservation sur le Danube. La France n'avait, elle, qu'un intérêt d'équilibre et de liberté des mers; en se portant avec l'une ou l'autre de ces puissances, elle faisait l'équilibre ou elle emportait la balance; mais il fallait se saisir du poids. Ce poids, c'était ce que j'ai

appelé en 1838 un Ancône en Orient. La Syrie, avec
ses analogies de religion, s'offrait toute armée à la
France. D'accord avec une seule ou avec deux des
puissances, cet Ancône était la paix; en lutte avec
toutes, cet Ancône était une position inexpugnable
prise pour la guerre. Mais la guerre était impossible
dans ce système combiné d'avance; car la guerre eût
été toujours de trois contre un. Quand on en est là,
on ne combat pas, ou la guerre est bientôt finie.
Qu'on se souvienne des ouvertures de la Russie en
1828. D'ailleurs, la France avait là un rôle pacifique
et prépondérant digne d'elle et qui lui créait pour
deux siècles un système d'alliance en Europe; l'Orient
et l'Occident se rencontraient et se secondaient dans
les mers. Un tel système avançait l'humanité de plusieurs siècles, et, en donnant une sphère à la France,
elle donnait de l'air à l'Europe, et des garanties à cet
armistice d'aujourd'hui qu'on appelle la paix.

Le ministère français ne l'a pas voulu; il a mieux
aimé guerroyer sans fin et sans but à Alger, rompre
avec l'Angleterre, sans se lier avec la Russie, menacer
la Russie, sans donner la main à l'Autriche, et livrer
les peuples de la Syrie et des îles à un pacha d'Égypte
pour favoriser le commerce par le monopole et la
civilisation par le *Coran*; il a mieux aimé que l'Autriche, la Russie et l'Angleterre, inquiétées chacune
par nous dans un de leurs plus grands intérêts natio-
naux, se liguassent forcément et contre nature, et se

partageassent graduellement l'Asie centrale et la Turquie d'Europe, en laissant seulement pour nous satisfaire une dérision de souveraineté arabe à Alexandrie et à Acre! Il a mieux aimé la vieille et petite politique de rivalité et d'exclusion, que la grande et neuve
politique de concours mutuels et d'avantages réci-
proques; il a mieux aimé étouffer en Europe que de
prendre de l'espace en Orient; isoler la France que de
l'allier; fortifier Paris, que d'élargir l'action de la
France dans le Levant. Qu'il soit fait ainsi qu'il a
voulu! Nous avons dès aujourd'hui l'isolement et la
guerre en perspective, au lieu de l'expansion de vie
nationale et de la paix. Les hommes prévoyants pleu-
rent sur l'avenir d'une nation qui manque ainsi la
route que la Providence lui traçait, et où elle aurait
entraîné le monde. Dieu mène les peuples, dites-
vous? mais les ministres à fausse vue les égarent.

L'histoire écrira le reste.

Saint-Point, 24 septembre 1840.

DISCOURS

PRONONCÉ

A LA CHAMBRE DES DÉPUTÉS,

DANS LA SÉANCE DU 8 JANVIER 1834.

J'ai eu l'honneur de proposer à la Chambre un amendement au projet d'adresse ; je viens aujourd'hui le développer devant vous. Je sais que les éventualités de la politique étrangère peuvent sembler d'un faible intérêt au milieu d'une discussion toute palpitante d'éloquence passionnée et d'intérêts actuels. Mais je m'adresse à la haute raison de législateurs qui ne concentrent pas seulement leurs regards sur un point de l'Europe, sur le jour et le lendemain ; qui embrassent dans leur pensée le monde et l'avenir, et je leur demande un moment d'attention.

L'honorable M. Bignon, dont je respecte avec vous l'expérience et la haute supériorité en matière diplomatique, a traité hier la question de l'Orient avec la justesse d'aperçus et la profondeur de raison qui le distinguent. Je m'associe à presque toutes ses idées, et comme lui je donne des larmes et des vœux à la Pologne. Mais il n'a pas compris exactement ma pensée, mal dévoilée peut-être dans mes premières considérations. Comme lui, Messieurs, je sais ce que la politique étrangère exige de prudence, de ménagements et de sages temporisations, aussi n'ai-je pas prétendu engager le gouvernement français, comme a paru le croire M. Bignon, à entrer seul dans la voie d'une politique nouvelle relativement à la Turquie, mais à provoquer le premier l'attention et les délibérations de l'Europe sur cette imminente et prochaine éventualité.

En applaudissant au vœu que je formais pour la réalisation de cette politique d'humanité, il a semblé, Messieurs, la reléguer pour longtemps encore dans le domaine des généreuses illusions.

Je suis étonné, Messieurs, qu'un homme d'état qui siége depuis quinze ans sur les bancs d'une opposition modérée et pratique, qui a apporté tous les ans au gouvernement des vues et des systèmes de politique avancée, sans avoir pu les faire adopter par le pouvoir de l'époque; je suis étonné, dis-je, qu'un tel homme se joigne aujourd'hui au gouvernement pour repousser dans l'impossible un système hardi, mais facile, mais nécessaire, et l'appelle une politique d'illusion! Nous devons être en garde, Messieurs, contre cet esprit de persistance des gouvernements, pour qui surtout l'habitude est une nature à traiter de chimérique les plus justes réclamations de l'humanité! Ce fut un rêve aussi, Messieurs, que l'établissement du christianisme! Ce fut un rêve que l'affranchissement de l'homme, que l'abolition de l'esclavage! Ce fut un rêve que la colonisation de l'Amérique! Ce fut un rêve que l'indépendance des États-Unis! Ce fut un rêve que la résurrection de la Grèce! Ce fut un rêve que l'abolition de la traite des noirs! Et cependant tous ces résultats, longtemps repoussés par les gouvernements, ont été obtenus. Ainsi en sera-t-il un jour du projet que j'ai l'honneur de vous proposer!

Messieurs, nous avons une maxime de notre philosophie française, qui dit avec raison que les grandes pensées viennent du cœur; on peut avec plus de raison la retourner, et dire qu'en politique les grandes pensées viennent du peuple! Le peuple est le cœur de l'humanité, le foyer brûlant et créateur où les idées neuves et fécondes naissent et se propagent par une sorte d'instinct universel, longtemps avant que les gouvernements les adoptent. C'est donc à vous, Messieurs, représentants de cet instinct et de cette générosité populaire, c'est à vous, autant qu'aux gouvernements, c'est à vous surtout que je m'adresse, en demandant un nouveau système politique relativement à l'Orient.

Je m'explique, Messieurs, je ne veux pas que la Turquie périsse ; qu'un vaste empire soit refoulé dans le néant ou dans les déserts de l'Asie. Je ne veux point qu'une nouvelle croisade, qu'un fanatisme civilisateur fasse place à la civilisation par le sabre ! A Dieu ne plaise ! C'est nous alors qui serions les barbares ! J'estime et j'aime les Turcs ; c'est le sentiment que rapportent tous ceux qui, comme moi, ont eu l'occasion de vivre parmi ce peuple généreux et hospitalier. Mais si je dois à la vérité, à la reconnaissance, de rendre justice à cette race d'hommes comme individus, comme famille humaine, je dois aussi à l'humanité de déclarer que, comme gouvernement, comme administration surtout, c'est la négation la plus absolue de toute sociabilité possible, c'est la barbarie dans toute sa brutale sincérité, c'est le suicide permanent et organisé de l'espèce humaine !

Ici, Messieurs, comme il s'agit d'un état de situation, d'un rapport de faits, permettez-moi de recourir à des notes que j'ai préparées sans vous les soumettre. Quand vous entendez parler d'une nation, Messieurs, d'un empire, d'un état immense qui couvre de son nom les deux plus belles parties de l'Europe et de l'Asie, et qui embrasse plus de la moitié du littoral de la Méditerranée ; ces mots de nation et d'empire nous donnent naturellement l'idée de quelque chose d'analogue à ce qu'ils définissent parmi nous. Vous vous représentez sur-le-champ une patrie, des familles, une propriété, une terre cultivée et embellie par la main de l'homme ; vous voyez des demeures permanentes où la famille se multiplie et succède à la famille, une consanguinité de l'homme et de la terre, si je puis me servir de cette expression, et de là ce sentiment de la propriété, seconde nature de l'homme social, et d'où vient cet autre sentiment de propriété collectif que nous appe-

lons patriotisme ! Erreur, Messieurs ! Rien de tout cela n'existe.
Quelques hordes superposées à la terre , et n'y prenant jamais
racine comme font nos populations d'occident , des peuplades
de noms, d'origine , de religion , de mœurs diverses jetées les
unes dans les déserts de l'Arabie ou de l'Égypte, les autres
sur les sommets inaccessibles du Liban ou du Taurus ; celles-
ci fondant, dans les solitudes de la Syrie intérieure , Alep ou
Damas , ces deux grands caravanserails aux limites du désert
de Bagdad , pour les caravanes de l'Inde ; celles-là dans les
fertiles vallées de la Macédoine , de la Thrace ; Grecs, Arabes,
Arméniens, Bulgares, Juifs, Maronites, Druzes, Mutualis,
Serviens, vivant çà et là où le vent de la fortune les a poussés,
sans pensée , sans affection , sans mœurs, sans lois , sans religion , sans patrie communes , aujourd'hui soumises , demain
révoltées ; des pachas que Constantinople envoie tour à tour
pour subir ou pour infliger le supplice , sans autre mission que
d'arracher à ces populations les ressources précaires que leur
travail opiniâtre a pu arracher, et pour refaire le désert autour
d'eux ; des bandes indisciplinées traversant sous le nom d'armée des provinces qui fuient à leur approche ; des peuplades
errantes, aujourd'hui ici, demain là, pour que la tyrannie
ne sache où les prendre ; des plaines sans charrues, des mers
sans navires , des fleuves sans ponts , des terres sans posses-
seurs, des villages bâtis de boues et de claies , une capitale de
bois ; ruines et désolation de toutes parts, voilà l'empire ottoman. Au milieu de cette ruine , de cette désolation qu'ils ont
faite et qu'ils refont sans cesse , quelques milliers de Turcs
par provinces , tous concentrés dans les villes , assoupis,
découragés, ne travaillant jamais, vivant misérablement de
spoliations légales sur le travail des races chrétiennes et labo-
rieuses, voilà les habitants, voilà les maîtres de cet empire.
Et cet empire, Messieurs, vaut à lui seul l'Europe entière ;
son ciel est plus beau, sa terre plus fertile, ses ports plus
vastes et plus sûrs, ses productions plus précieuses et plus
variées ; il contient 60,000 lieues carrées.

Voulez-vous maintenant, Messieurs , connaître sa situation
militaire et politique actuelle, la voici : La Valachie et la Moldavie ne reconnaissent que la souveraineté nominale de la

Porte , et sont réellement presque indépendantes à l'ombre des garanties de la Russie La Servie , qui à elle seule forme le tiers au moins de la Turquie d'Europe , plusieurs fois révoltée , et entièrement chrétienne, a définitivement consacré sa séparation et son indépendance sous le gouvernement du prince Milosch , habile et courageux patriote, digne d'affranchir et de civiliser un peuple. Les Bulgares, qui couvrent les deux flancs des Balkans de leurs vastes et nombreux villages , et qui s'étendent jusqu'aux environs d'Andrinople, nation nombreuse, probe, laborieuse, n'admet que peu de Turcs dans son sein , et aspire à les repousser tout à fait. Les montagnes de la Macédoine sont peuplées de races grecques , albanaises, arnantes, qui , pour la plupart , sont chrétiennes aussi, et se soulèvent à chaque occasion favorable pour conquérir cette orageuse liberté dont la Morée leur offre l'exemple. La Morée et Négrepont sont déjà complètement affranchis sous la tutelle des puissances européennes ; les plaines d'Andrinople à Constantinople sont entièrement dépeuplées ; on ne rencontre qu'à distance d'une journée de marche quelques khans déserts, ou quelques bourgades en ruines habitées par des Turcs et des Grecs ; les Grecs seuls cultivent quelques champs qu'on leur concède autour de ces masures.

Quant aux îles de l'Archipel, les Anglais possèdent les sept îles Ioniennes ; les Grecs ont compris dans leur indépendance toutes celles qui regardent leur côte. Des deux plus belles, Candie et Chypre-Candie, appartiennent au pacha d'Égypte ; Chypre est encore aux Turcs, mais cette possession de 80 lieues de long sur 20 et 25 de large, toute cultivable, toute fertile en productions des tropiques, ne nourrit plus qu'une population de 25 à 30,000 Grecs cypriotes gouvernés par quelques centaines de Turcs ; des soulèvements y éclatent fréquemment, et rien ne l'empêche de proclamer son indépendance que le manque de garantie pour la conserver.

Rhodes est dans le même cas, Stanchio, Mitilènes, Chio, toutes peuplées de Grecs, ne sont rentrées qu'en frémissant et conditionnellement dans la soumission a la Porte ; Samos résiste encore seule aux flottes du grand-seigneur.

La principale partie de l'Asie mineure, dont les rivages seuls sont habités, cette immense Caramanie qui renfermait autrefois plusieurs royaumes, ne renferme plus que des déserts. C'est là cependant que la population mahométane se retrouve encore par plus grandes masses. Mais si l'on en excepte Brousse, Smyrne, Konya et Kutaya, quatre grandes villes où la population turque domine, le reste est au pouvoir des Turcomans, race sauvage et errante, qui couvre les flancs du mont Taurus, s'y abrite contre la tyrannie des pachas, et en descend pour conduire ses troupes dans les plaines, ou les ravager si on les lui dispute. Vous aurez une idée, Messieurs, de la force du lien national qui attache ces pays et ces villes à la capitale, quand vous saurez que dans la dernière guerre, deux officiers, envoyés de 50 lieues à Smyrne par Ibrahimpacha, firent reconnaître son autorité à cette ville de 100 mille âmes, et que toutes les peuplades de la Caramanie ne fournirent pas un seul soldat contre lui. La Syrie, ce jardin du monde, est encore la plus belle et la plus fertile contrée de l'Orient. Les Arabes errants, les Arabes cultivateurs, les Druses, les Métualis, les Maronites et les Musulmans, les Grecs syriens se la partagent; les Turcs y sont à peine le vingtième de la population. Les villes du littoral, Alexandrette, Latakie, Tripoli, Bayruth, Saïde, Jaffa et Gaza, renferment un grand nombre de chrétiens.

Le Liban presque tout entier est au pouvoir des Maronites, nation arabe et catholique de deux millions d'hommes, qui a conquis par son courage et ses vertus une indépendance de fait, qui possède et qui cultive, qui aime le commerce, la civilisation, et qui, je le crois, sera le germe d'une race d'hommes dominatrice dans cette partie du monde. Elle reconnaît l'autorité du grand émir des Druses, l'émir Beschir, vieillard politique et guerrier que les Turcs et les Égyptiens ont également ménagé, qui peut d'un ordre lever jusqu'à 40,000 combattants, qui fait trembler tour à tour Alep, Damas, Jérusalem et les côtes, et rentre ensuite dans son palais de Ptédin ou Dahel-el-Kamar, au cœur de sa domination, inaccessible forteresse de cent lieues de tour. Il n'obéit aux Turcs que comme les puissants vassaux du moyen-âge obéissaient à leur suzerain. Damas s'élève, vaste et isolé, au milieu du désert. Sa population est turque, mais elle renferme trente mille Arméniens, chrétiens, et beaucoup de Juifs. Le reste du territoire est en proie plutôt que possédé par des tribus arabes, familles indépendantes dans la grande famille musulmane, qui passent, au gré de leur rapacité ou de leur caprice, d'une domination à une autre.

Jérusalem s'élève sur les confins de la Syrie, entre l'Arabie Pétrée et les déserts de l'Égypte, ville neutre, pauvre, impuissante, accoutumée à tous les jougs, centre commun de toutes croyances chrétiennes et ville sainte aussi pour les musulmans qui ont jeté la mosquée d'Osman sur les fondements du temple de Salomon. Puis vient l'Égypte ; là se noue dans ce moment une des scènes les plus merveilleuses de ces drames fugitifs de l'Orient. Vous connaissez la révolte de Méhémet-Ali, et la gloire de son fils Ibrahim, grands hommes tous deux, le père par la politique, le fils par son épée. J'ai assisté à ses triomphes ; je l'ai vu renverser à coups d'hommes les murailles de Jaffa, que Napoléon lui-même n'avait pu ébranler, traverser en conquérant la Syrie entière, soumettre Damas et Alep, disperser deux fois, à force d'audace, les deux dernières armées du sultan, prendre le grand-visir, et ne s'arrêter à quelques marches de Constantinople que devant une lettre d'un ambassadeur européen ! Il y serait entré sans obstacle, Messieurs, il aurait triomphé dans la capitale même de l'empire, il aurait fondé une dynastie nouvelle quoique réprouvée par les lois et les mœurs : tout l'Orient se taisait devant lui comme devant Alexandre, mais un mot de l'Occident l'arrête, il recule, il laisse son œuvre de puissance et de gloire inachevée.

Ce trait seul, Messieurs, vous montre l'empire de la civilisation sur la barbarie ; la barbarie même triomphante a la conscience de sa faiblesse : ceci vous dit ce que l'Europe peut faire si elle a l'intelligence et le sentiment de sa mission ! Ibrahim, Messieurs, ne civilise pas, il conquiert, il remporte des victoires ; il soumet devant son génie et devant son audace des populations tremblantes et auxquelles le nom de leur oppresseur n'importe pas ! il ne s'occupe que de ses soldats ; il n'a d'administration que pour son armée : tout reste en Égypte et en Syrie sur le même pied de barbarie qu'avant son

avénement; c'est un météore qui brille et qui passe, qui
ravage et qui ne fonde pas, et qui ne laissera à la mort que le
bruit et l'éblouissement d'un météore! Ces conquêtes vous
expliquent celles d'Alexandre : dans des contrées où il n'y a
ni nationalité, ni propriété, ni patrie, le conquérant ne trouve
que des esclaves, et la victoire est toujours saluée!

Vous voyez par ce tableau rapide, Messieurs, que l'empire
ottoman n'est point un empire, que c'est une agglomération
informe de races diverses sans cohésion entre elles, sans intérêt, sans langue, sans lois, sans religion, sans mœurs uni-
formes et sans unité ni fixité de pouvoir! Vous n'y voyez que
la plus vaste anarchie constituée dont les phénomènes politiques aient jamais présenté le modèle. Vous voyez que le
souffle de vie qui l'animait, le fanatisme religieux, est éteint;
vous voyez que sa funeste et aveugle administration a dévoré
la race même des vainqueurs; et que la Turquie périt faute de
Turcs!

Au centre de cette vaste anarchie, la capitale de l'islamisme
s'élève, un pied sur l'Europe, un pied sur l'Asie. Le sultan
Mahmoud, prince élevé par le malheur, prince qui sent la
décadence de l'empire, et qui ne peut l'empêcher, semble
avoir désespéré enfin de son trône et de son peuple, et demande un reste de règne, une apparence de forme et d'empire à la puissance russe qu'il a vainement essayé de combattre.
La Russie seule, Messieurs, a empêché l'écroulement de ce
trône, le démembrement définitif de cette ombre de souveraineté. Encore quelques jours, et le sultan n'était plus, et
Constantinople voyait entrer les Arabes. Que la Russie retire
sa main intéressée, mais protectrice, et l'empire s'écroulera
encore. Et même, sous cette protection humiliante de son
ennemi, la Porte tremble, et le sultan n'a pas de sommeil
tranquille. Il a été grand homme un jour! le jour où il détrui-
sit, à force de dissimulation, de courage personnel et d'audace
d'esprit, l'empire héréditaire des janissaires. Mais il est des
états dont le principe vital est dans leurs vices mêmes, et
qu'une réforme tue au lieu de les régénérer! Tel a été l'empire
ottoman. L'esprit militaire, qui n'était que le fanatisme populaire, a disparu avec les janissaires. Il n'y a plus d'armée,

les mœurs nationales refusent de se plier à des réformes mollement et aveuglément soutenues. Il n'y a plus d'esprit ottoman !

Maintenant, Messieurs, que fera l'Europe? Si elle apprend un jour que cette dernière ombre de souveraineté s'est évanouie, restera-t-elle éternellement armée vis-à-vis d'elle-même, spectatrice des dernières et lentes convulsions de l'empire d'Orient? ou fera-t-elle la guerre elle-même pour empêcher que les démembrements de cet empire n'appartiennent à l'une ou à l'autre des puissances qui la composent? s'interdira-t-elle à jamais, et à force d'armées et de trésors, de remplir ce vide effrayant qu'une révolution probable prépare à l'Orient, et condamnera-t-elle ainsi cette belle partie de l'Europe et de l'Asie à un veuvage, à une stérilité, à un désert éternels? Non, Messieurs, cela serait plus barbare que la barbarie même, et cela ne serait même pas possible. La Russie, maîtresse de la mer Noire et des portes du Bosphore, sentinelle avancée sur les limites de l'Orient, favorisée par les vents du nord qui règnent neuf mois sur douze dans cette mer, arrivera toujours la première aux bords où sa destinée et son ambition l'appellent, et d'ailleurs la sympathie de religion entre l'immense population grecque de cette partie du monde et elle, lui fournira toujours dans l'esprit national un élément de triomphe que nous ne pourrions combattre. Que faire donc? Le voici, Messieurs.

L'avenir est souvent écrit dans le passé en caractères que nous ne comprenons pas, mais qui s'expliquent et se révèlent avec les événements et les temps. L'Europe fera ce qui fut fait jadis! ce qu'avait réalisé dans un autre esprit de conquête cet empire romain qu'elle remplace aujourd'hui. Elle refera l'*orbis romanus*, ce monde romain dont elle retrouve les traces dans toutes les ruines de ces cités romaines qui s'élevèrent autrefois sur tous les rivages de l'Asie mineure. Elle réformera ce monde ancien, cette domination universelle, non plus par la force des armes et par une ambition de gloire stérile, mais par la seule et naturelle prédominance de ses lumières et par un esprit de générosité et de philantropie. Elle le fera sans obstacle, sans lutte, sans répandre une goutte de ce sang humain qu'elle évalue à un autre prix que l'antiquité païenne! Mais comment le fera-t-elle? D'un mot, Messieurs, en arrêtant et en promulguant sa volonté souveraine!

Messieurs, les coups de canon de Navarin ont eu un long retentissement dans l'Orient. Les rêves mêmes des grands oppresseurs de cette partie du monde ne vont pas jusqu'à lutter contre l'Europe! Et vous avez vu le conquérant lui-même dans toute l'ivresse de ses victoires, Ibrahim, s'arrêter et rentrer dans ses déserts, sur la simple notification des puissances portée par un Tartare à son camp de Koniah. Ceci vous dit ce qui sera lorsque l'Europe élèvera sa voix puissante et unanime. Et d'ailleurs ne vous y trompez pas! une immense sympathie vous appelle, les populations chrétiennes vous tendent les bras d'avance, l'islamisme lui-même attend et se résigne, et le fatalisme, cette fois, parle comme la raison ; tout a l'instinct de ce qui doit surgir.

Voici, Messieurs, ce que les puissances de l'Europe me semblent appelées à réaliser plus ou moins prochainement ; voici l'idée que je rapporte des lieux mêmes où elle est dans tous les esprits, dans tous les instincts des peuples, et que je voudrais pouvoir vous faire partager à vous, Messieurs, le grand conseil de la France et le foyer principal des pensées politiques de l'Europe,

Si l'empire ottoman succombe sous sa propre impuissance de vivre, les puissances ouvriront un congrès, et la France, réunie à ses alliés, y fera établir en principe :

1° Qu'aucune puissance isolée ne pourra intervenir dans les événements de l'Orient qui suivraient immédiatement la chute de l'empire.

2° Qu'un protectorat général et collectif de l'Occident sur l'Orient, sera admis comme base d'un nouveau système politique européen.

3° Que les premières conditions de ce nouveau droit public sont l'inviolabilité des religions, des mœurs et des droits de souveraineté partielle, établis, préexistants dans ces contrées. La force ne devant jamais agir sur les religions, qu'il n'appartient qu'aux consciences et aux lumières de modifier et d'éclairer.

4° Que pour régulariser ce protectorat général et collectif, la Turquie d'Europe et la Turquie asiatique, ainsi que les mers, les îles et les ports qui en dépendent, seront distribués en protectorats partiels ou en provinces semblables à ces provinces d'Afrique et d'Asie, où les Romains envoyaient leurs populations et leurs colonies, et que ces protectorats seront affectés selon les conventions subséquentes aux différentes puissances européennes.

5° Qu'en cas de guerre entre les puissances de l'Europe, protectrices de ces provinces, les protectorats d'Orient resteront dans une complète neutralité perpétuelle.

Sur ces bases préliminaires, Messieurs, s'établirait ce vaste système de pacifique domination qui repeuplerait, qui civiliserait une partie du globe, et fondrait, avec l'aide des temps, dans une commune parenté de races, de religions, de mœurs, d'industries et d'économies, l'Europe et l'Asie. Je ne m'étendrai pas sur les résultats matériels d'une semblable organisation politique. Ils sont sans terme, ils s'expliquent d'eux-mêmes.

Je m'étendrai moins encore sur la division territoriale et le plus ou moins d'étendue des protectorats affectés à chaque puissance! c'est l'œuvre des congrès, c'est la combinaison discutée des intérêts et des convenances diverses. C'est ici que la question des compensations s'ouvrirait pour celles des puissances de l'Europe qui seraient moins favorisées dans le partage de ces protectorats, et que les bases de quelques nationalités de l'Europe pourraient être élargies et rectifiées selon les sympathies de mœurs ou les nécessités de frontières. Un système grand et utile une fois admis, il féconde tous les autres systèmes. Une vérité politique fait inévitablement éclore d'autres vérités; une voie large et droite mène à tous les résultats heureux et inattendus.

Messieurs, il y a deux droits que les siècles tour à tour ont vu prévaloir sur la terre. Le droit de force et de conquête, droit féroce et barbare que je n'invoquerai jamais, droit brutal contre lequel toute civilisation a été fondée et se développe. Il y en a un autre non moins dominateur, non moins infaillible, mais plus moral et plus divin, c'est celui que j'invoque, c'est celui que le monde reconnaît à son insu, c'est celui qui vous fera triompher sans combat et sans obstacle, c'est le droit de civilisation.

Je ne vous dirai donc point, renversez l'empire ottoman, faites place à la civilisation par le sabre! faites violence aux droits établis, aux nationalités, aux mœurs, aux lois, aux religions arriérées! A Dieu ne plaise, Messieurs; j'ai trop de foi dans la providence, je respecte trop la destinée! je sais trop combien souvent l'homme met sa faible raison à la place de la suprême raison des choses! Mais je vous dirai : Attendez! préparez-vous! ouvrez vos conseils! et laissez-y pénétrer une idée féconde, une idée civilisatrice, qui trouvera tôt ou tard son heure et son application! Fondez la sainte alliance de la civilisation!

Telles sont, Messieurs, les idées que je désirais semer dans cette discussion, et livrer, toutes chaudes encore d'impression et de vérité locale, à la sagesse de vos méditations. Je vous ai entretenus, à l'une de nos dernières séances, des résultats immenses et bienfaisants qu'une semblable politique aurait sur l'accroissement de l'espèce humaine et sur la civilisation morale et religieuse du monde. Vous comprenez aujourd'hui quels résultats cette union politique aurait pour l'Europe elle-même, et quelle nouvelle, vaste et légitime carrière elle ouvrirait aux ambitions rivales des nations de l'occident, à la vie, au commerce, à l'industrie, à l'impatiente activité de vos populations!

Regardez autour de vous, Messieurs; au milieu de ses progrès merveilleux, la société gémit et se plaint; quelque chose lui manque, qu'elle demande aveuglement à la politique, à la guerre, au travail, et que vous ne pouvez lui donner! Sa civilisation croissante, ses lumières multipliées, son instruction descendue plus bas, son activité excitée par des passions nouvelles, lui ont créé des besoins nouveaux, des besoins immenses, que son état présent ne peut satisfaire. Il lui faut deux choses, Messieurs : une morale que la lumière lui donnera; vous travaillez, vous travaillerez plus encore à satisfaire à ce premier besoin des peuples! Il lui en faut une autre, Messieurs; une sphère d'action plus large et plus proportionnée aux forces et aux ambitions que l'instruction développe et développera de plus en plus en elle, un aliment à son infatigable activité, à sa soif de travail et des richesses : des *colonies*.

Croyez-vous que si Rome n'avait pas possédé le monde, si elle n'avait pas répandu incessamment sur l'univers romain, comme une ruche trop pleine, sa surabondance de force, de vie et d'action; si elle n'avait pas eu des provinces à donner à gouverner à ses démagogues, des terres à partager à ses vétérans, croyez-vous qu'elle n'aurait pas péri cent fois déchirée par ses propres mains? étouffée par son propre excès de vitalité et d'énergie? Elle le sentait, Messieurs, et son instinct fut la conquête.

L'Europe moderne est ce qu'était Rome! Son instinct est le travail et la civilisation; instinct sublime, aussi supérieur à celui de Rome que notre morale de religion et de charité est supérieure à l'esclavage, droit public de la barbarie. Eh bien! Messieurs, que l'Europe se comprenne elle-même, qu'elle colonise l'Asie et l'Afrique; qu'elle se répande sur ces rivages déserts avec le superflu de son activité, avec ses nobles passions, avec sa civilisation et sa religion progressives; qu'elle déborde sur ces régions désertes qu'une politique jalouse et suicide voudrait lui interdire à jamais. Et vous, Messieurs, mettez-vous à la tête de cette sainte croisade d'humanité, en adoptant l'idée qui germe déjà dans tout l'Orient, et que je n'ai eu que l'honneur d'apporter le premier devant vous.

Je finis, Messieurs, par une seule et dernière considération. Vous avez couvert les mers de vos vaisseaux, vous vous êtes soumis comme toutes les nations européennes au droit humiliant de visite; vous avez sacrifié presque vos colonies, poussés par cet instinct tout puissant d'humanité plus fort que les intérêts mêmes, et tout cela pour empêcher le trafic de quelques misérables noirs vendus à la tyrannie par la cupidité; et quand il s'agit d'affranchir une moitié du monde, de tarir à jamais la source même de l'esclavage et de multiplier l'espèce humaine sur des rivages qui la dévorent, hésiteriez-vous? et un pareil résultat ne serait-il pas digne de quelques généreux efforts?

DISCOURS

PRONONCÉ

A LA CHAMBRE DES DÉPUTÉS,

LE 1ᵉʳ JUILLET 1839.

Messieurs, le plus difficile dans des questions de cette nature, dans des questions qui embrassent l'universalité des intérêts combinés du monde politique, le plus difficile, ce n'est pas de les résoudre, c'est de les bien poser. Je vais essayer de le faire, et si j'ai le bonheur d'y réussir, je croirai avoir beaucoup fait pour la discussion, beaucoup fait pour éclairer mon pays sur une de ces rares affaires qui dominent tout un siècle, et qui, selon qu'on les comprend ou qu'on les méconnaît, nous donnent le pas sur l'Europe ou donnent à l'Europe le pas sur nous.

Si donc je recueille ma pensée pour résumer les vues si diverses qui viennent de vous être présentées, je trouve qu'elles se réduisent à trois ou quatre systèmes que je vais successivement examiner : le système turc, le système arabe, et enfin le système du *statu quo*, que j'appellerais avec plus de raison le système russo-britannique.

Le système turc, celui qui vous a été présenté avec tant de talent, tout à l'heure, par M. de Valmy, je le comprends : il est simple, loyal, conservateur en apparence ; c'est la tradition, c'est le droit, c'est la légitimité musulmane. Ce système serait le mien, si je n'avais pas vu de mes yeux et touché de mes mains le corps froid et inerte de ce qu'on appelle encore ici l'empire ottoman.

Que vous disent les partisans de ce système ? Des choses pleines de sens et de logique. Vous craignez les débordements de la Russie vers le Bosphore, vers l'Asie, vers la Turquie-d'Europe, mais n'avez-vous pas, dans votre ancien et fidèle allié la Turquie, le contrepoids de la Russie, le boulevard naturel contre ses empiétements ! Démolir ou laisser dégrader la puissance ottomane, c'est détruire de vos propres mains la digue séculaire que la Providence a élevée contre l'ambition moscovite ; c'est bien plus, c'est anéantir d'avance la possibilité de ces diversions puissantes qu'une armée turque ferait à votre profit sur les flancs des Russes, si jamais vous aviez à vous défendre contre eux en Occident. J'entends bien tout cela, je voudrais que cela fût vrai. Qui de nous, préoccupés, trop préoccupés que nous sommes des gigantesques proportions de la Russie, ne voudrait pouvoir penser que nous avons, au besoin, contre elle, une flotte ottomane dans la mer Noire et une armée de cinq cent mille Turcs sur les Balkans et dans les principautés ? Nous rendons tous justice maintenant à la race généreuse et probe des Ottomans; la haine de la croix et du croissant n'est plus qu'une métaphore ; les nations ne s'associent plus par dogmes, mais par analogie d'intérêts politiques. Nous serions les fidèles alliés, les vieux amis des Turcs; mais quand il s'agit de baser un système politique sur une alliance, encore faut-il savoir si l'allié existe, si l'on va s'allier avec une réalité ou avec une fiction !

Or, je m'afflige de vous le dire; mais tout l'Orient vous le dira avec moi, mais je vais malheureusement vous le démontrer tout à l'heure; il n'y a plus de Turquie, il n'y a plus d'empire ottoman que dans les fictions diplomatiques; fictions qu'on proclame tout haut et qu'on méprise et qu'on viole et qu'on dégrade soi-même en toute occasion. Oui, vous-

mêmes, ne déclarez-vous pas en cet instant même que si le
grand-seigneur fait sortir sa flotte pour atteindre un pacha
rebelle, vous allez poursuivre, avec les Anglais, cette flotte
du grand-seigneur, et porter atteinte à sa liberté, au plus
sacré de ses droits, à son droit de défendre son empire?

Non, l'empire ottoman n'existe plus que de nom. D'où est
venue cette rapide décadence? Ce n'est pas une question de
tribune, c'est une question de philosophie. Tout au plus peut-
on dire que tout peuple qui n'a pour principe d'existence
qu'un dogme religieux est condamné à périr lorsque ce
dogme s'affaiblit et s'éteint dans ses croyances. Le principe
ottoman, c'était le fanatisme. Son existence a été brillante,
toute puissante, mais courte comme le fanatisme d'où elle
procédait.

J'entends bien que vous me dites : Mais vous effacez arbi-
trairement de la carte un empire de 60,000 lieues carrées?
Mais moi je vous réponds : Ce n'est pas moi qui l'efface; c'est
vous qui l'avez laissé, qui l'avez aidé à s'effacer de jour en
jour et à se réduire à de si mesquines proportions que son
existence est devenue un problème que l'on discute aujour-
d'hui à toutes les tribunes. Voyons! montrez-nous cet empire
si vaste, si vivant, si fort, selon vous!

Est-ce l'empire ottoman que la Crimée et les bords de la
mer Noire couverts des armements et des établissements
russes? Est-ce l'empire ottoman que la Valachie et la Moldavie enchaînées dans le protectorat russe et où un soldat
turc ne peut mettre le pied? Est-ce l'empire ottoman que
la Servie qui a défait trois fois les armées turques et qui
grandit aujourd'hui pour la liberté, sous une constitution
libérale et sous son illustre chef, le prince Milosh, le Washington de l'Orient? Est-ce l'empire ottoman que ces quatre
millions de Bulgares, que ces Grecs d'Épire et de Macédoine,
que ce Péloponèse, que ces îles déchirées par vous-mêmes
de la carte turque? Enfin, Chypre avec sa population chrétienne de quarante mille âmes et soixante Turcs de garnison;
la Syrie avec ses innombrables diversités de races, l'Égypte,
Candie, l'Arabie, la mer Rouge, Alger, Tunis, Tripoli: est-ce
là l'empire ottoman? Non, tout cela est à défalquer de la do-

mination turque, c'est-à-dire les trois quarts de l'empire. Que
reste-t-il? Constantinople! Constantinople pressé d'un côté
entre l'embouchure de la mer Noire, par où les Russes débouchent à toute heure, et l'embouchure des Dardanelles, par où
les flottes anglaises et françaises peuvent à chaque instant
déboucher; une capitale sans cesse assiégée, voilà l'empire
ottoman. Et dans cette capitale ouverte de toutes parts, un
empereur héroïque, mais impuissant, contemplant les insO-
lentes intrigues qui se partagent d'avance sa puissance. Ce
sont les dernières scènes de l'empire grec, renouvelées à la
chute de l'empire de Mahomet II. Voilà le fantôme sur lequel
vous voulez appuyer votre politique! Voilà ce colosse qui
doit, selon vous, supporter le poids de la Russie! Passons
vite au système arabe, et examinons-le avec la même sincérité.

L'honorable M. de Carné vous dit : Oui, l'empire turc
penche vers sa ruine; mais les grands hommes et les races
énergiques et neuves retrempent et rajeunissent quelquefois
les empires. Eh bien! voilà le pacha d'Égypte qui ressuscite
l'Arabie. C'est un esclave révolté. Qu'importe! l'Orient n'a
pas d'autre légitimité. Il a fait des miracles. C'est le missionnaire de la civilisation en Orient. Maître de l'Égypte, de
l'Arabie entière, de la Syrie, si vous ne l'aviez pas arrêté
vous-mêmes à Kutaya, un pas de plus et il était sur le Bosphore, et Constantinople engloutissait la race d'Osman et
inaugurait un troisième empire. Eh bien! laissez – le faire
aujourd'hui, détournez les yeux seulement; en vingt marches
il est au sérail. Méhémet et Ibrahim resserreront dans leurs
mains énergiques les populations amollies de la Turquie. La
Russie aura un contrepoids réel „ l'Europe dormira tranquille.
L'empire arabe remplira le rôle que l'empire turc a laissé
échappé. Voilà un système hardi*, conséquent, spécieux.
Permettez-moi de l'approfondir en quelques mots.

On se trompe toujours quand on prend pour base d'un raisonnement les analogies entre l'Orient et l'Occident. Quand
un grand homme surgit en Occident, il est toujours plus ou
moins le produit, l'expression du peuple qu'il gouverne; il y
a rapport entre son siècle et lui. A mesure qu'il conquiert il

organise, à mesure qu'il crée il consolide, il s'entoure d'institutions, en un mot il fonde quelque chose qui doit durer après lui. En Orient, au contraire, comme il n'y a ni institutions ni mœurs politiques, mais seulement un maître et des esclaves, un grand homme n'est qu'une grande individualité, un phénomène, un météore qui brille un moment dans la nuit d'une barbarie monotone, qui fait de grandes choses avec la force des milliers de bras dont il dispose, mais qui n'élève nullement le niveau de son peuple jusqu'à lui, qui ne fonde rien, ni dynastie solide, ni institutions, ni législation, et qui, en mourant, replie pour ainsi dire tout son génie après lui, comme il replie sa tente, laissant la place aussi vide, aussi nue, aussi ravagée qu'avant lui. Voilà précisément pourquoi le système arabe est une brillante chimère qui trompera tous ses partisans.

Certes, Méhémet-Ali et Ibrahim sont deux hommes à immenses proportions. Méhémet-Ali est un administrateur à la manière du pays, c'est-à-dire un homme qui pressure ses populations jusqu'au désespoir, et qui leur fait rendre tout l'or qu'elles ont dans leurs sueurs et tout le sang qu'elles ont dans les veines. Ibrahim est un héros. Il n'y a pas d'autre nom pour lui. L'Occident n'a pas vu un soldat plus intrépide, plus généreux, plus né pour la victoire. Il aspire la guerre, il sait la faire; ouvrez-lui le monde, il ira jusqu'au bout. Je ne doute pas qu'il ne fût à Constantinople avant deux mois. Il est de la race de ces hommes qui ne s'arrêtent que quand ils tombent comme Alexandre ou Gengiskhan.

Mais Méhémet est vieux, mais Ibrahim est d'une santé chancelante et usée par la guerre, mais Ibrahim n'est pas fils de Méhémet-Ali. Il n'est que le fils d'une femme qu'a épousé jadis Méhémet; il n'a aucun droit à son héritage. Méhémet n'a point de fils; il n'a que des petits-fils en bas âge. L'Égypte n'a aucune de ces conditions, de ces institutions qui garantissent l'hérédité, la transmission, la fixité d'un pouvoir. Dans un tel état de choses, on vous l'a dit, la mort de Méhémet sera le signal d'une guerre civile ou d'un démembrement de l'Égypte et de la Syrie. Qu'est-ce qu'un empire fondé dans de pareilles conditions, au profit d'un vieillard de soixante-treize ans, dont les dissensions intestines vont déchirer le manteau?

On vous parle de l'unité arabe; mais où la voit-on? Qu'est-ce qui la composerait dans le cas du triomphe d'Ibrahim? Sont-ce les Éthiopiens qui forment le fond de l'armée égyptienne? les Bedouins du désert, ou les Bedouins plus incivilisables de la Palestine? Sont-ce les Druzes idolâtres et ennemis sacrés des Musulmans? les Maronites catholiques, qui, sous la domination de l'émir Beschir, souverain du Liban, regrettent les Turcs et exècrent les Égyptiens? Sont-ce les Grecs, dont Ibrahim a massacré les frères en Morée? Enfin serait-ce les Turcs soumis, mais frémissants? L'unité arabe est une chimère, et ces deux empires seraient composés d'agglomérations aussi incohérentes et aussi antipathiques. Votre empire arabe aurait tous les vices de l'empire ottoman, avec la légitimité de moins; il ne subsisterait pas un jour au-delà de la terreur qui l'aurait fondé.

De ces deux systèmes également jugés, également impraticables, également mauvais, y a-t-il possibilité, en les associant ensemble, d'en faire un bon? Évidemment, non. Eh bien! voilà cependant ce qu'on vous propose. Ce qu'on vous propose, c'est un mélange absurde et inconséquent du système turc et du système arabe, c'est-à-dire un soi-disant *statu quo* préconisé par l'Angleterre, et qui se maintiendrait ainsi, par vos efforts continus, au profit de la seule Angleterre.

Messieurs, ne vous y trompez pas! je ne viens pas déclamer des banalités usées contre l'Angleterre; j'honore l'Angleterre comme une nation qui honore l'humanité et qui civilise tout ce qu'elle conquiert. L'alliance anglaise n'a pas de partisan plus avoué que moi; je m'expliquerai tout à l'heure à cet égard. Mais examinons ce que c'est que ce *statu quo*, qu'il faut, nous dit-on, maintenir à tout prix avec et pour l'Angleterre. Un honorable préopinant l'a déjà fait; je ne m'étendrai pas après lui.

Je comprends le système du *statu quo* pour l'intérêt de l'empire ottoman avant le traité de 1774, avant le traité de 1792; je le comprends encore après 1813. Je le comprends enfin avant l'anéantissement de la marine turque à Navarin,

cet acte de démence nationale de la France et de l'Angleterre
au profit de la Russie ; mais, après l'usurpation de la Crimée,
le protectorat russe en Valachie et en Moldavie, mais après
l'occupation et l'émancipation de la Grèce par vos troupes, et
les millions de subsides que vous allez encore payer demain à
son indépendance ; mais après l'asservissement de la mer
Noire aux Russes et la création de Sébastopol, d'où les flottes
russes sont en vingt-quatre heures à Constantinople ; mais
après le traité d'Andrinople, d'Unkiar-Iskelessi, de Kutaya,
et le démembrement de la moitié méridionale de l'empire
par Méhémet et par vous qui le protégez, le *statu quo*, permettez-moi de le dire, est une dérision comparable à l'existence dérisoire d'une prétendue nationalité polonaise. Quoi!
vous allez armer pour le *statu quo* de l'empire turc! qu'importe, dites-vous, à la sûreté de l'Europe; et ce *statu quo*,
c'est le démembrement, l'anéantissement, l'agonie de l'empire que vous prétendez vouloir relever! Soyez donc conséquents! si la Turquie vous importe, comme vous le dites,
allez donc au secours, non pas de la révolte établie en Syrie,
mais au secours de la légitimité impériale à Constantinople!
Prêtez vos conseils, vos ingénieurs, vos officiers vos flottes aux
généreux efforts de l'héroïque Mahmoud pour civiliser son
peuple; aidez-le à écraser Ibrahim, à ressaisir l'Égypte et toutes
ces parties mortes de son empire qui s'en détachent de toutes
parts. Refaites la Turquie légale, la Turquie complète, la
Turquie de 1790. Là au moins vous serez conséquents avec
vous-mêmes. Et qui sait! peut-être réussirez-vous à recréer
pour un demi-siècle un fantôme imposant d'empire. Ce n'est
pas la volonté, ce n'est pas le courage, c'est la fortune qui
manque à Mahmoud. Il n'y a pas dans l'histoire du sultan
une page plus glorieuse que sa lutte avec les janissaires et la
victoire qu'il a remportée sur eux. Avec un pareil homme et
l'appui sincère et énergique de l'Autriche, de la France et de
l'Angleterre, une tentative de résurrection des Ottomans serait chanceuse, mais au moins elle ne serait pas à mépriser.

Au lieu de cela, que vous dit-on? Armez pour le *statu quo*;
unissez vos flottes à celles des Anglais pour empêcher le
grand-seigneur de tenter de recouvrer ses meilleures pro-

vinces sur son pacha rebelle. Savez-vous ce que cela veut
dire? Cela veut dire : Dépensez l'or, le sang et le temps de la
France pour maintenir, quoi? la Turquie d'Europe et Constantinople sous la main de la Russie, la Turquie d'Asie sous
le sabre d'Ibrahim et sous l'usurpation de Méhémet! Cela
veut dire, en d'autres termes : Faites la guerre à la Porte, à
la Russie; pourquoi? pour maintenir l'asservissement de la
Méditerranée à l'Angleterre, pour que rien n'inquiète sa
puissance et son monopole maritime; pour que Gibraltar,
Malte, Corfou, et bientôt peut-être Candie et l'Égypte restent
la propriété de l'Angleterre, et que l'Angleterre, maîtresse des
embouchures du Nil et de la mer Rouge, possède seule et
sans rivale toutes les grandes stations de sa route des Indes,
où vous aurez, vous, le plaisir de voir passer le monopole de
l'univers.

Oui, certes, l'Angleterre vous devra des remerciements
pour un pareil système; mais la France vous en devra-t-elle?

Expliquons-nous franchement. On nous fait peur de la
Russie, tantôt en Occident, tantôt en Orient, selon le sophisme du moment. Je conviens qu'une puissance qui compte
soixante millions de sujets, et qui peut armer un million
d'hommes, si elle faisait un pas de plus vers nous, ferait à
bon droit trembler l'Occident. Mais d'abord ce colosse n'a-t-il
pas des pieds d'argile? Est-il homogène? est-il civilisé à
fond? Rien de cela, Messieurs. La Russie s'est formée, s'est
accrue trop vide. Eschyle dit que le temps ne respecte que
les choses où il a eu sa part. Le temps n'a pas eu sa part dans
la formation de la Russie; le bronze a coulé trop vite; il s'est
mêlé au sable, la statue se brisera.

Mais à supposer que la Russie subsiste et s'assimile tant de
populations diverses, est-ce vers l'Occident qu'elle penche?
viendra-t-elle affronter la Suède, l'Autriche, la Prusse, toute
l'Allemagne, l'Angleterre, et enfin la France, qui, à elle
seule, mettrait un million de soldats dans cette croisade? Or,
les peuples sont comme les fleuves; ils prennent leur niveau,
ils s'écoulent du côté qui leur offre le moins de résistance. La
pente russe est vers l'Asie. Là, la facilité de la conquête et
les conformités religieuses des populations grecques l'appel-

lent. Il faut oser le dire : on n'arrêtera pas plus le cours de la Russie vers ce but, qu'on n'arrêtera les courants de la mer Noire vers le Bosphore. C'est un fait géographique, la politique n'y peut rien. La Russie retrempera un jour les nations chrétiennes asiatiques. Toutes les fois que vous voyez un grand vide sur la terre, et à côté un grand peuple pour le combler, vous pouvez prophétiser que ce vide se comblera. Je sais que la Russie n'est pas pressée. On n'est jamais pressé de saisir ce qui ne peut nous échapper ; rien n'est patient comme une certitude.

Vous n'avez donc rien à craindre de la Russie en Occident; mais son débordement en Asie serait-il aussi funeste qu'on vous le représente ? Oui, sans doute, si elle l'opérait malgré vous, et en rompant l'équilibre du monde; mais si elle l'opère avec vous, avec l'Europe, avec les compensations qui assurent pour tous un nouvel et plus large équilibre, j'oserai dire le premier ma pensée tout entière, ce fait serait le plus heureux pour l'humanité et pour vous qui pût se réaliser dans le monde. Car, l'empire ottoman une fois disloqué, les nombreuses nationalités européennes et asiatiques qu'il étouffe sous son poids inerte reprendraient à l'instant même la vie et l'activité. Vous auriez avant vingt ans des millions d'hommes de plus sur tous les rivages de la Méditerranée pour alimenter vos manufactures, vivifier votre marine, adopter votre civilisation. La Méditerranée deviendrait le lac français et le grand chemin des deux mondes. Voilà ce que la Providence met dans vos mains si vous savez voir et comprendre; et vous sacrifieriez tout cela à la jalouse inquiétude de l'Angleterre?

Messieurs, je le répète, je veux l'alliance anglaise ; mais je la veux à des conditions d'honneur et d'égalité. Voici comment je comprends la question des alliances pour mon pays. Vous jugerez si je m'égare.

La France a une double nature; je me trompe, elle a une triple nature. Elle est puissance maritime, elle est puissance continentale, enfin elle est puissance révolutionnaire. J'entends ici le mot révolution dans son bon sens, dans son sens conservateur et légitime, dans le sens de réforme politique et religieuse de 1789. Comme puissance maritime, la France est rivale de l'Angleterre. Comme puissance continentale, la France est tantôt amie, tantôt ennemie de l'Angleterre, selon les occurrences ; mais, en ce moment, et pour longtemps, la prépondérance de la Russie sur le continent commande à l'Angleterre de s'allier à nous. Enfin, la France, comme puissance révolutionnaire et constitutionnelle, est forcément l'alliée de l'Angleterre ; car l'Angleterre et la France ont à lutter ensemble contre l'esprit des vieilles institutions, contre la réaction des monarchies absolues. Ce sont les deux puissances qui ont l'initiative de tous les progrès dans le monde. Si elles se divisent, la liberté et la civilisation peuvent succomber.

Personne mieux que moi ne comprend donc l'heureuse nécessité de l'alliance anglaise ; car je place les intérêts de la civilisation et de la liberté bien au-dessus d'une question d'agrandissement de frontières.

Que s'ensuit-il? Messieurs, que, sous le rapport social et politique, comme sous le point de vue continental, nous devons resserrer l'alliance anglaise ; mais que, sous le point de vue industriel et maritime, notre alliance avec l'Angleterre ne doit être ni sans réserves, ni sans prudence, ni sans condition.

Eh bien! ces principes gouvernent toute notre conduite dans la question orientale. Ne trahissons pas l'Angleterre, n'abandonnons pas l'Angleterre, ne vendons pas l'Orient aux Russes contre l'Angleterre ; ne passons pas brutalement d'une alliance anglaise de principes à une alliance russe de circonstances. Le monde y perdrait peut-être toutes ses libertés, tous ses progrès moraux à venir. Ne soyons, dans la question d'Orient, ni Russes ni Anglais. Détourner les yeux de la Turquie et rester neutres, c'est être neutres ; suivre l'Angleterre et combattre avec elle pour le *statu quo* misérable et absurde qu'on vous propose de défendre, c'est être Anglais. La politique de la France doit être toute autre ; elle doit être française, elle doit être européenne. Son système, c'est le système européen ; c'est l'équilibre maintenu par l'Autriche et par elle dans l'Orient comme dans l'Occident ; non pas ce chancelant et faux équilibre qui repose aujourd'hui sur cette fiction d'empire à Constantinople, équilibre qui n'est au fond que la domination russe en Orient, sous le nom de Mahmoud, sans compensation, sans sûreté, sans avenir pour nous, mais un équilibre fondé sur une part égale d'influence et de territoire attribuée dès aujourd'hui en Orient aux quatre grandes puissances qui y ont droit et intérêt, la Russie, l'Autriche, la France et l'Angleterre. Voilà le système que j'appelle le système occidental. Ne pressez pas le dénouement, ne poussez pas aux catastrophes, mais ne les craignez pas.

Ce système suffit à tous, Messieurs, et si, comme on l'annonce, les événements se pressent et se caractérisent en Orient, caractérisez votre système avec eux.

Un congrès, si vous en avez le temps, où vous négocierez d'après ces bases ; et dans le cas où le temps ne serait plus à vous, refusez-vous énergiquement à attaquer la flotte du sultan, mais prenez immédiatement en Orient une de ces positions maritimes et militaires comme l'Angleterre en possède à Malte, comme la Russie en a une dans la mer Noire ; saisissez provisoirement un gage d'influence et de force dont vous puissiez dominer ou la négociation ou les événements ; souvenez-vous d'Ancône ! Je n'en dirai pas davantage.

Oui, Messieurs, la tribune ne comporte pas une diplomatie au grand jour dans des questions si vives. Je m'arrête, j'ai suffisamment indiqué ma pensée et celle qui, selon moi, doit être celle d'un cabinet prévoyant. C'est au gouvernement, non point à parler, je ne le lui demande pas, ses paroles ne pourraient que le compromettre, mais c'est au gouvernement à prévoir, à négocier et peut-être à agir. Mais permettez-moi, en finissant, de répondre à ceux qui s'inquiètent ou s'affligent de voir troubler, par l'explosion actuelle ou prochaine de la question d'Orient, la sécurité chancelante et fausse de ce *statu quo* qu'ils voudraient éterniser. Ah ! loin de moi une pareille et si puérile anxiété ! Bien loin de nous affliger, bien loin de nous alarmer si l'Orient éclate, félicitons-nous-en. Je ne suis pas un révolutionnaire, un aventurier politique pour mon pays, je suis conservateur de ce qui mérite d'être conservé ; mais je suis dévoué, avant tout, à la grande et sainte cause de la civilisation et des progrès de l'humanité ; eh bien ! je le déclare sans crainte d'être démenti par les événements, la

France, l'Europe, l'Asie, la civilisation, l'humanité, ont tout à gagner à ce que l'Orient éclate enfin et nous appelle tous dans la carrière de l'inconnu. Le premier coup de canon qui retentira sur l'Euphrate ne sera pas le canon de détresse, mais ce sera le tocsin qui appellera de nombreuses populations à la liberté, à la vie, à l'organisation, à l'industrie, et qui appellera la France à une sphère d'action digne de nous.

Eh! ne pourrais-je pas dire aux politiques qui s'inquiètent et qui veulent maintenir à tout prix le *statu quo* où nous végétons : Êtes-vous donc si tranquilles sur votre situation intérieure, que vous craignez tant qu'on la remue? Mais regardez donc autour de vous; mais regardez donc à quelques années en avant de vous! Où en sommes-nous? où allons-nous? Dans quelles situations sans issue nous retournons-nous depuis deux ou trois ans? Quelles montagnes de difficultés ajournées ne s'accumulent pas sur notre route? La confiance renaît-elle dans les cœurs? respectons-nous six mois ce que nous avons nous-mêmes voulu et créé? Le pouvoir pousse-t-il des racines? La démocratie, notre seul élément, prend-elle un esprit public et des mœurs gouvernementales? S'organise-t-elle? se modère-t-elle? se donne-t-elle à elle-même ses conditions vitales de puissance et de durée? Y a-t-il enfin un horizon pour quelqu'un dans notre ténébreux avenir politique? Non! tout tremble dans le sol, et les générations qui se pressent viennent ajouter chaque année un flot nouveau à l'océan d'agitation et de doute qui menace d'engloutir non pas seulement les gouvernants, mais la société!

Eh bien! à tout cela s'il y a un remède, Messieurs, il n'y en a qu'un, un remède héroïque, le remède des grands hommes aux prises avec l'impossible : un soudain et hardi déplacement des questions mal posées, une puissante diversion nationale imprimée aux esprits qui se pervertissent dans l'inaction, une impulsion forte et longue vers les grandes entreprises au dehors.

Notre salut n'est plus aujourd'hui que là; il y a longtemps que je vous le dis. Nous manquons d'air. Donnez-nous-en, donnez-en à la France qui étouffe dans le traité de Vienne. Voilà pourquoi j'ai le premier proclamé ici la nécessité d'un exercice de notre légitime influence dans la Péninsule ! Voilà pourquoi je conjure le gouvernement et la chambre d'accepter avec joie la nécessité heureuse d'une intervention plus large et plus sociale encore en Orient. Emploi des forces surabondantes de nos esprits inquiets, création d'une armée nombreuse et occupée, reconstitution d'une marine ; diplomatie, colonisations, administrations, personnel immense à jeter dans toutes les carrières, attention du pays portée et soutenue sur le long drame que notre politique jouera dans la Méditerranée, forces productives et industrielles alimentées, excitées par une consommation incalculable dans l'Orient régénéré. Tout est là, si vous savez comprendre et si vous osez vouloir. Mais si vous suivez le système immobile qu'on vous conseille, si vous ne savez ni voir, ni prévoir, ni vouloir ; si vous manquez l'occasion de la Providence, ne vous en prenez qu'à vous ; la France se consumera, s'amoindrira, périra peut-être dans les convulsions stériles d'une démocratie qui a su vaincre et qui ne sait rien organiser ; les plus magnifiques contrées de l'Europe et de l'Asie resteront à l'inertie et aux déserts, et la postérité n'aura que de la pitié pour une époque, pour un corps politique composé de l'élite d'une grande nation, et qui n'aura voulu voir, dans une question qui renfermait le remaniement de 1815, le remaniement de l'Asie et peut-être de l'Europe, qu'un holocauste à la Russie et un hommage à l'alliance ingrate de l'Angleterre.

Je voterai selon les paroles du Ministre, mais jamais pour le *statu quo*.

RÉPLIQUE A M. ODILON BARROT,

DANS LA MÊME SÉANCE.

Je m'attendais au soulèvement de diverse nature que susciterait mon opinion dans ce grand débat. C'est le sort de tout homme qui se dévoue à la manifestation de ce qu'il croit une vérité utile à son pays et à l'humanité. J'y étais résigné d'avance, et je ne serais pas digne de monter à cette tribune, si je ne savais pas supporter quelque chose pour ma conviction.

Je ne répondrai que peu de mots à l'honorable préopinant, et je me bornerai à rétablir la question qu'il a faussée entièrement en ce qui me concerne.

Non, je n'ai pas appelé témérairement, imprudemment, immoralement, mon pays à un partage inique, violent, criminel, d'un empire subsistant encore, et assis, comme tous les empires, sur les bases sacrées du droit public européen. Rien de semblable n'est sorti ici de ma bouche. J'ai dit que l'empire ottoman n'existait plus complet, réel et efficace, dans le sens qu'on lui donnait autrefois en politique, c'est-à-dire comme boulevard, comme barrière suffisante à l'ambition et au débordement moscovite, et je le maintiens; et vos inquiétudes et ce débat même me le prouvent.

J'ai dit que derrière cette fiction d'empire ottoman, il se cachait une autre puissance visible aux regards les moins pénétrants ; j'ai dit que la Russie était masquée, systématiquement masquée derrière ce fantôme d'empire, qu'elle laisse subsister de droit, en le remplaçant de fait à Constantinople ; j'ai dit que derrière cette ombre d'empire ottoman se déguisaient mal des desseins profonds d'envahissement, qui attendaient patiemment mais persévéramment l'heure opportune pour se montrer à découvert, et que cette heure serait celle (ainsi que le disait tout à l'heure, avec son grand

4

sens, l'honorable M. Dupin) où l'Europe préoccupée par une question, par une collision, par une lutte, ou de principe ou de territoire, détournerait un seul instant ses regards du drame qui se préparait sur le Bosphore. Voilà ce que j'ai dit, et ces mots doivent limiter ma parole comme ils ont limité ma pensée.

Dans cette pensée, un *statu quo* laissant subsister tous ces périls était funeste aux intérêts et à la sécurité même de la France.

Comment l'honorable M. Barrot interprète-t-il tout cela? Il dit que c'est là une pensée aventureuse, anti-patriotique, immorale. C'est à ce dernier mot surtout, je l'avoue, que j'ai été sensible: je devais l'être, surtout quand ce mot était prononcé par un orateur au caractère de qui personne ne rend plus de justice que moi, dont je ne partage pas toujours les opinions, sans doute, mais qui s'est montré en toute circonstance le digne organe de la moralité du parti qu'il exprime.

Cette pensée est immorale! Messieurs; et en quoi donc la pensée de prémunir son pays contre des éventualités menaçantes a-t-elle jamais mérité cette épithète? En écoutant le préopinant parler de la moralité du *statu quo* à l'égard de la Turquie, je n'ai pu, je l'avoue, m'empêcher de me rappeler à la mémoire ce mot sublime d'un de nos grands écrivains. Pascal disait: « Vérité qu'une montagne ou qu'un fleuve borne! vérité au-delà des Pyrénées, erreur en-deçà! » Eh bien! ce que Pascal disait de la vérité, je me le disais tout bas en moi-même de la prétendue moralité de l'Europe envers la Turquie depuis vingt-cinq ans.

Où s'arrête, où commence votre moralité prétendue, qui respecte, qui doit garder les frontières de tous les empires? Est-ce à la Crimée? est-ce à Varna? est-ce à Andrinople? est-ce à Navarin, où vous anéantissez sa marine? est-ce à Kutaya enfin, où vous ratifiez avec la plume de votre diplomatie les limites écrites sur le sol par le sabre d'un esclave révolté? Tout cela, la France et l'Europe l'ont trouvé moral contre la Turquie; et quand elles ont eu déchiré la Valachie, la Moldavie, la Servie, la Grèce, l'Égypte et la Syrie de l'empire, alors elles s'aperçoivent tardivement de leur faute, et,

comme l'honorable M. Guizot, elles s'écrient: Ce sont des
pierres tombées d'elles-mêmes. Elles sont tombées, il est vrai,
dans la main de la Russie. Mais c'est assez d'immoralité
comme cela. Arrêtons-nous, et proclamons l'inviolabilité de
ces ruines. Messieurs, voilà le côté moral de la question; vous
l'apprécierez.

Mais nous, mais moi, ai-je jamais dit à cette tribune:
Poussez aux catastrophes, faites crouler des pierres de plus
de ce monument qui s'écroule? Non, jamais! j'ai dit: Ne
poussez pas aux catastrophes, mais ne les craignez pas; et si
jamais, indépendant de vous, sans complicité de votre part,
l'empire de Constantinople tombe en lambeaux et ouvre sa
succession en Asie et en Europe, soyez prêts, ayez des positions, ayez des alliances, et emparez-vous d'avance d'un rôle
dans ce grand drame de l'Orient renouvelé.

Mais cela est-il coupable? cela est-il téméraire? La témé-
rité, au contraire, n'est-ce pas le *statu quo?* n'est-ce pas de
rester les bras croisés, à attendre que le hasard seul décide,
quand, par la position de la Russie et par la position de l'Angleterre, vous avez la certitude que tous les hasards seront
contre vous?

Et, dans ce cas, y aurait-il donc si grande audace à nous
de prendre notre part d'influence et de position territoriales
en Orient?

Mais j'irai plus loin, et je dirai à l'honorable préopinant:
N'y a-t-il pas un sentiment au-dessus du patriotisme lui-
même, le sentiment du développement de l'humanité? Eh
bien! faudrait-il donc pleurer des larmes de sang si cette
hypothèse se réalisait plus ou moins prochainement? Répon-
dez! serait-ce là au fond une si déplorable calamité pour l'espèce humaine? Osez-vous le dire?

Vous, Monsieur, qui ne croyez pas au droit divin des rois,
croyez-vous donc au droit divin de la barbarie?

Croyez-vous donc au droit divin de l'esclavage, de la
polygamie, de l'abrutissement d'une partie des races humaines?

Eh bien! quelles que soient les vertus individuelles que je
me plais à reconnaître et à proclamer dans la vieille race otto-

mane, n'y a-t-il pas un peu de tout cela dans sa domination sur l'Asie ?

Messieurs, je ne veux pas prolonger davantage ce débat terminé. Tous les systèmes que je combats, même celui du préopinant, se résument à son insu dans le *statu quo*. Oui, l'honorable orateur, dans un sentiment que je ne puis m'empêcher d'honorer, car il ressemble à du patriotisme...

Messieurs, ne vous y trompez pas, ces paroles sont loin de vouloir inculper le patriotisme du préopinant (1).

Mon expression est impropre, je le reconnais. Quand j'ai dit un sentiment qui ressemble à du patriotisme, j'ai voulu faire allusion aux choses et non à l'homme. Il sait trop combien je l'honore pour ne l'avoir pas ainsi compris lui-même.

M. Odilon Barrot avait dit: Si la Russie veut affecter le monopole du Bosphore, appelons-en immédiatement aux armes, et faisons seuls la guerre pour la question du Bosphore à la Russie. Messieurs, selon moi, cela serait un bien faux et bien aveugle patriotisme. L'honorable membre ne me trouvera jamais en arrière de lui toutes les fois qu'il s'agira d'un intérêt du pays, assez vaste, assez légitime pour motiver la guerre, et quand l'action sera en rapport avec les sacrifices. Mais que la France déclare la guerre à la Russie, seule, et pour la question du libre passage dans la mer Noire, jamais je ne le conseillerai.

Eh! Messieurs, vous êtes-vous jamais rendu compte de ce que c'est que la guerre pour la France, et de ce que c'est que la guerre pour l'Angleterre dans une question maritime? Avez-vous envisagé les différences? La guerre de l'Angleterre avec la Russie, qu'est-ce que c'est au fond pour la puissance britannique? Quelques rencontres de flottes à force supérieure, quelques blocus dans la Méditerranée, quelques monopoles commerciaux de plus saisis par l'Angleterre sur les mers: voilà tout. Mais pour la France, puissance continentale, la guerre avec la Russie, c'est le poids d'un empire de soixante millions d'hommes, c'est le poids de l'Europe à supporter! Cela se compare-t-il?

(1) M. Odilon Barrot: J'accepte volontiers l'expression de l'orateur, dans l'acception qu'il lui donne.

Non, Messieurs, ce n'est pas de la politique, c'est de l'amour-propre national. Il faut qu'il anime et non qu'il égare nos conseils.

La politique ici, c'est une alliance, c'est l'alliance avec l'Autriche qui ne peut vous faire défaut. Quoi qu'on vous dise des antipathies de principes, le monde sent, comme M. Berryer, que les sympathies naturelles l'emportent et prévalent sur les questions de partis. L'Autriche, en Orient, a des intérêts identiques avec les vôtres; que dis-je! elle a plus que vous à prendre ses précautions contre le démembrement de la Turquie, et ce n'est pas seulement, comme le dit M. Barrot, pour la question secondaire de la libre navigation du Danube; c'est pour la liberté de la navigation dans l'Adriatique, et surtout pour cent cinquante lieues de frontières nouvelles où la disparition de la Turquie la découvrirait devant la Russie! Les mêmes intérêts vous assurent la même action. Appuyez-vous là, et vous serez inébranlables, et vous prendrez dès aujourdhui, ou dans un congrès, ou dans une action commune, une position qui dominera la négociation ou l'action. C'est dans ce sens que je vous ai parlé hier d'Ancône, car Ancône, dans ma pensée, n'était qu'une grande image.

Messieurs, je sais qu'on appelle tout cela des chimères et des rêves de mon imagination. Je laisse dire : l'imagination est l'œil d'une raison saine, qui porte seulement sa prévision plus loin. Voulez-vous que je vous dise, en terminant, où sont les rêves, où sont les illusions, où sont les chimères?

Messieurs, le rêve, c'est d'imaginer qu'un simple protocole de la France arrêterait, au jour fatal, l'envahissement de la Russie dans le Bosphore, où elle peut être en deux fois vingt-quatre heures. Le rêve, c'est d'imaginer que l'empire ottoman d'aujourd'hui pourra supporter le poids des soixante millions d'hommes de la Russie pendant longtemps; le rêve, c'est d'imaginer, comme M. Guizot, que l'Arabie va constituer un empire, dont la tête sera en Égypte; le rêve, c'est de croire que des populations chrétiennes disséminées et faibles vont se constituer dans l'Orient en fédération solide et puissante contre la Russie. Et le réveil, Messieurs! voulez-vous que je vous le dise?

Le réveil ? c'est la Russie à Constantinople et saisissant toute la Perse et toute l'Asie-Mineure ; c'est l'Angleterre possédant à jamais la Méditerranée par l'Égypte ; c'est enfin ces populations chrétiennes d'Asie que vous prétendez ressusciter, et qui ne peuvent ressusciter qu'à votre ombre, se déchirant elles-mêmes en guerres intestines et foulées sous les pieds de nouveaux tyrans.

Oui, voilà le réveil, Messieurs ! et je ne veux pas être de ceux qui le préparent en endormant le pays dans le *statu quo*.

DISCOURS

PRONONCÉ

A LA CHAMBRE DES DÉPUTÉS,

DANS LA SÉANCE DU 11 JANVIER 1840.

La Chambre comprendra que je n'ai pas la prétention de suivre l'honorable préopinant dans le cadre si large qu'il a voulu élargir encore. Quelle que soit la hauteur des considérations générales qu'il a si heureusement abordées, je me renfermerai en ce moment dans la seule question de l'Orient, pour laquelle j'avais demandé la parole contre l'honorable M. de Carné.

Deux mondes à rejoindre, l'Asie et l'Europe à réunir par le contact qui y double leur force et leur fécondité; une crise, la plus importante qui se soit jamais produite dans nos affaires étrangères, je ne dis pas depuis la révolution de Juillet, mais depuis le temps où notre intérêt y est engagé; un vide immense à combler en Orient, une secousse dans les intérêts, un ébranlement dans les imaginations, la question des mers liée à la question des territoires; la question des compensations européennes, ouverte par l'honorable M. Mauguin, tout à l'heure : ce sont là, Messieurs, des objets assez grands, des intérêts suffisants pour attirer l'attention d'un jour.

Je me bornerai donc à une considération qu'a présentée l'honorable préopinant, considération qui m'a frappé vivement, parce qu'elle résume en peu de mots tout le sens de la politique de la France depuis la révolution de juillet. Cette considération, j'en ai oublié les termes, mais en voici le sens :

Le gouvernement français a voulu avoir la prétention, dans une question toute européenne, de dominer à lui seul toute la situation, de rester seul, de laisser la France seule, d'agir sans alliées. De là, toutes les déviations, toutes les erreurs, toutes les faiblesses dont nous avons été les témoins ; de là des résultats, je ne dirai pas déplorables, mais des hésitations fâcheuses dont nous sommes témoins aujourd'hui, et l'oscillation politique qui interdit au président même du conseil de poser une question nette devant la tribune et devant le pays.

Mais cette question immense, comment l'a envisagée le ministère et comment l'envisagez-vous vous-mêmes ?

Comment l'a envisagée le ministère ? Je ne connais pas ses négociations et ses actes ; mais, si j'en juge par ce qui a transpiré de ses transactions, si j'en juge par les résultats, si j'en juge par la nouvelle attitude combinée que prennent l'Angleterre et la Russie, qui sont amenées contre nous par une ligue contre nature, voici quelle a été la pensée et la conduite du cabinet des Tuileries. Si je me trompe, il est là pour me redresser. Qu'il ne s'y trompe pas, au reste, je n'ai pas l'intention perfide de lui faire des torts de mes suppositions. L'affaire était lourde pour toutes les mains, et s'il a commis quelques fautes, ces fautes, je le reconnais, ne retombent pas seulement sur lui, mais sur tous les cabinets précédents, qui n'ont pas voulu se préparer d'avance à cette crise et établir leur politique étrangère sur le pivot de l'Orient. Elles retombent sur l'opinion française tout entière, qui a mal étudié ce grand intérêt européen, et qui, tantôt par une puérile jalousie contre l'Angleterre, tantôt par une terreur exagérée de la Russie, n'a jamais demandé qu'une politique d'exclusion, et a chicané là où il fallait une politique de magnanimité et de compensation.

Mais je disais : Qu'a fait le ministère ? D'abord il a été sur-
pris ; tout le monde l'a été, excepté la Russie, seule puissance
qui, depuis un siècle, ait une diplomatie à longues vues et à
vastes proportions. Il a mis sa politique en délibération ici
où nous avons pendant quinze jours balancé les destinées du
monde. Il a entendu débattre patiemment les trois systèmes
turc, arabe, européen, sans se prononcer pour aucun des
trois ; enfin il a abordé la tribune, et, dans un éloquent discours de M. le Ministre de l'instruction publique, il a paru se
décider pour le système turc. Les événements lui préparaient
un cruel démenti. A peine avait-il fini de parler, que l'empire
était écroulé. J'ai cru, et nous avons tous dû croire que, con-
formément aux principes énoncés avec fermeté et prémédita-
tion, et conformes aux vues et aux instructions de notre loyal
ambassadeur, la France allait se joindre aux trois puissances
intéressées, ordonner à Méhémet-Ali de mettre bas les armes,
et refouler dans sa révolte ce pacha ambitieux qui, non con-
tent de lui avoir dérobé la moitié d'un empire, menaçait son
maître mourant jusque dans sa capitale.

Vous vouliez un ajournement, vous déclariez vouloir la
conservation du vieil empire ottoman ; cela était conséquent,
cela était facile, cela était clair et compréhensible pour tous.
Une note de vous, une escadre sur les côtes de Syrie, la Syrie
entière s'insurgeant contre Ibrahim qu'elle abhorre, les
troupes du sultan marchaient en avant, appuyées par sa
flotte et par les vôtres ; Ibrahim, pris entre deux feux, recu-
lait du premier pas jusqu'à Saint-Jean-d'Acre, et Méhémet-
Ali implorait votre intervention ou était refoulé au moins en
Égypte, et peut-être dans le désert. La question, aujourd'hui,
serait bien simple. Vous auriez un empire ottoman sur la
carte, vous auriez un ami dans l'Orient, vous auriez fait un
grand acte de politique conservatrice et ultra-royale, vous
auriez enlevé à la Russie tout prétexte de tutelle exclusive à
Constantinople, à l'Angleterre tout motif d'agression contre
l'Égypte. C'était le *statu quo* de 1810, vigoureusement rétabli
dans le Levant par l'intervention française ; cette politique,
sans arrière-pensée, aurait fondé la confiance mutuelle entre
les puissances qui vous suspectent et vous contreminent dans

l'Occident; cette politique n'était pas la mienne, j'en conviens ; elle n'est pas celle de l'avenir, mais elle était belle et
française aussi. Je n'y aurais pas applaudi, mais je l'aurais
comprise et honorée tout en la déplorant.

Au lieu de cela, qu'avons-nous vu? La bataille de Nézib est
gagnée par Ibrahim la veille du jour où le capitaine Caillez,
envoyé par nous, va lui porter l'ordre de ne pas combattre ;
au lieu de porter secours au Sultan, vous allez négocier sourdement avec un rebelle, et lui promettre, quoi? je n'en sais
rien! l'hérédité de ses usurpations, peut-être! l'Égypte, la
Syrie, l'Arabie entière, un petit empire grand comme trois
fois la France! En même temps vous ordonnez à votre
escadre de bloquer amicalement les Dardanelles, et d'empêcher la flotte du Sultan de sortir pour secourir son armée ;
vous traitez patemment avec les agresseurs, vous emprisonnez les défenseurs dans leurs ports, et vous envoyez un
autre officier à Constantinople porter d'autres paroles au
Divan. Mais quelle confiance voulez-vous qu'inspirent ces
paroles et ce double rôle à Mahmoud mourant, à son fils, à
la Turquie, au divan, et enfin au congrès d'ambassadeurs
européens assemblés à Constantinople? Qui ne voit une dérision dans un pareil appui? qui ne voit, derrière notre ambassadeur promettant notre concours à l'intégrité de l'empire,
l'amiral Lalande emprisonnant la flotte à Gallipoli, et le capitaine Caillez modérant peut-être Ibrahim à Nézib, mais à coup
sûr encourageant et rassurant Méhémet-Ali à Alexandrie?

D'une telle politique que pouvait-il résulter? ce qui a eu
lieu : la victoire de Nézib, la déroute des troupes ottomanes,
la trahison, la reddition de la flotte turque au pacha, la démoralisation de tout patriotisme ottoman, le démembrement
de la Turquie, des conflits inextricables, l'état révolutionnaire
constitué en permanence dans le Levant, et enfin la légitime
animosité de toutes les puissances, qui, toutes menacées par
vous, finiront par s'unir contre vous. Voilà où en sont les
choses, et c'est vous seuls qui les avez amenées là.

Je m'attends bien à la réponse, et vous venez de me la faire
entendre d'avance ; vous dites : Oui, voilà où nous avons
mené les choses, et nous nous en félicitons. Nous parlions de

l'intégrité de l'empire ottoman il y a six mois , mais n'en par-
lons-nous pas encore ? Il est vrai que nos actes démentent nos
expressions. L'intégrité de l'empire partagé par la moitié !
l'intégrité d'un tout que nous coupons en deux ! Cela serait
risible si cela était sérieux. Mais cela n'est pas sérieux , bien
que nous l'ayons volontairement placé dans la bouche offi-
cielle de la Couronne, et dans l'acte solennel d'une Adresse.
Ce n'est pas cela que nous voulons. Ce que nous voulons, ce
que nous tramons , ce que nous accomplissons, c'est la dislo-
cation , c'est le démembrement des grandes proportions de
l'empire, c'est le déchirement de l'Orient en deux parts ; une
part au souverain légitime à Constantinople , une part au
pacha rebelle à Alexandrie. Oui, nous jetons le masque, nous
croyons à une nationalité arabe , et nous allons d'abord favoriser timidement , puis à visage découvert, l'établissement
d'un second empire des kalifes , sous la protection d'un chrétien , et sous le sabre d'un vieillard qui n'est ni Arabe , ni
Egyptien , ni chrétien , ni musulman, mais qui est un grand
homme ou tout au moins un aventurier heureux !

Oui , voilà votre pensée , ministres du Roi ; voilà, je le sais,
la pensée d'une partie de la Chambre , qui , en cela , répond à
la vôtre ; M. de Carné vous l'a rappelé tout haut. Voilà la pensée fomentée par les organes de l'opinion sous les influences
égyptiennes et sous les préjugés anti-russes et anti-anglais.

Eh bien ! je la prends telle qu'elle est cette pensée , et je
vous demande à vous-mêmes , du point de vue exclusivement
français aussi, qu'avez-vous à espérer , qu'est-ce que la France
a à gagner à la politique que vous suivez depuis six mois dans
cette grande négociation ? Que reviendra-t-il à la France ?
Quel sera le bénéfice net pour mon pays, si ce rêve impossible d'une nationalité arabe pouvait se constituer en Egypte
et en Syrie , et si vous parveniez à établir une puissance musulmane précaire et faible en Egypte , en présence d'une
puissance musulmane précaire et agonisante en Turquie ?
Remarquez que je ne parle pas de l'intérêt général de la civilisation dont vous m'accusez de me préoccuper plus qu'il ne
convient à un patriote ; je me place dans le seul intérêt français, comme vous, et je raisonne comme si tous les intérêts

humains étaient concentrés dans la France. Voyons, qu'avez-vous fait, et que faites-vous ainsi?

En deux mots je vais vous le dire ; la chose est trop claire pour avoir besoin de longs développements.

La France, je parle non seulement de la France en général, mais de la France d'aujourd'hui, de la France qui date de Juillet ; la France a deux grands intérêts : un intérêt de conservation, un intérêt de développement. Se conserver et grandir, n'est-ce pas la loi des nations comme celle de tous les corps organisés? Oui, je ne suis pas injuste envers les droits et les sentiments de mon pays. Vous aviez plus de force conservatrice avant la révolution de Juillet ; mais, je le reconnais avec M. Barrot dans le discours qu'il a prononcé hier, l'énergie et l'enthousiasme de ce grand mouvement national vous donne au dehors plus de force d'expansion. Pour soutenir son intérêt de conservation, que faites-vous en soutenant le pacha d'Egypte, en l'adoptant contre son souverain, en le fortifiant, en le légitimant en Egypte, en Syrie? Évidemment vous faites trois choses également funestes à l'intérêt de conservation de la France. Premièrement, vous affaiblissez, vous exténuez, vous démembrez l'empire turc, à qui vous enlevez ses plus beaux territoires, et vous placez ce fantôme d'empire sous la tutelle forcée et nécessairement litigieuse des puissances occidentales intéressées à son héritage et veillant sur son dernier soupir. Il n'y a certes là condition de sécurité pour personne ; c'est la rivalité diplomatique organisée à tout jamais entre les puissances, à la porte du Divan ; c'est un *congrès de guerre*, au lieu d'une conférence de paix. La guerre en sortira un jour, soyez-en sûrs ; mais, en attendant, elle y couvera tous les jours. Malheureuse pensée pour un temps et pour des intérêts qui veulent la paix !

Ce n'est pas tout. Ce fantôme d'empire garrotté ainsi par vous sur son lit de mort, comme pour l'empêcher de faire un mouvement qui le perde ou qui le sauve, vous assurez sa perte par l'immobilité que vous lui imposez ; vous aggravez son mal, vous nourrissez sa décomposition par le discrédit moral où votre protection odieuse le fait tomber devant ses propres sujets. On fait grand bruit de quelques hatti-shérifs insignifiants, dictés au Sultan et rédigés en jargon constitutionnel dans quelque chancellerie de Péra; mais cette civilisation incomprise que vous croyez lui inoculer, cette civilisation si belle à sa place, ne vous y trompez pas, ce n'est là qu'un poison mortel que vous inoculez à l'islamisme. Il n'en vivra pas; il en dépérira, il en mourra plus vite.

Il faut avoir bien peu réfléchi sur la destinée des empires et sur la nature des civilisations pour ne pas savoir que chaque peuple vit de son principe, et qu'il est condamné à périr avec lui. Vous ne faites pas des Européens, vous ne faites pas des chrétiens, vous défaites des Turcs. Le despotisme et la liberté ne se combinent pas; ils se tuent l'un l'autre. Si vous portiez le protestantisme à Rome, fortifieriez-vous le principe catholique? C'est la même chose.

Au lieu de laisser l'empire ottoman mourir une seule fois, vous allez le faire mourir tous les jours, et l'ébranlement, la secousse, les oscillations, les collisions qui n'auraient suivi qu'une fois sa chute, vous allez les renouveler, les prolonger, les perpétuer pendant une période indéfinie d'années. Est-ce là, je le répète, une condition d'harmonie entre les puissances? Est-ce là une garantie de conservation pour les intérêts de la France? de la France surveillée en Europe, combattant éternellement en Afrique, et obligée de veiller en Asie, l'arme au bras, pourtant! Est-ce l'attitude du repos?

Mais allons tout au fond des choses. Point de faiblesse, point de réticences. Qu'est-ce qui trouble la sécurité de la France en Occident, et la sécurité à l'Orient tout entier? Ce qui trouble l'Occident, ce qui empêche les choses de se rasseoir, n'est-ce pas la crainte, n'est-ce pas l'éventualité d'une conflagration, d'un conflit entre les puissances? N'est-ce pas cette appréhension, toujours vive dans l'esprit des hommes d'état, que le nouveau gouvernement de la France ne soit pas entré complètement, ne soit pas entré de bonne foi dans le droit diplomatique, et, pour me servir d'une expression plus vraie, dans la famille des états monarchiques, des puissances légitimes? Qu'il y ait des répugnances, des haines sourdes, des hostilités latentes contre nous, qui en doute? Qu'on ne serre la main de la France qu'avec réserve et défiance, qui peut le nier. Combien de symptômes nous le révèlent. Bien des crises ont passé, la Pologne, Ancône, l'Espagne, la Belgique ; cette conflagration pouvait s'allumer à toutes ces étincelles. Ces mauvais pas ont été franchis. La France a agi avec plus ou moins de dignité ; mais enfin elle a agi loyalement et avec franchise. Elle a enlevé à la diplomatie étrangère tout motif d'alarmes.

Mais si aujourd'hui, à l'égard de l'Orient, sans plan arrêté, sans volonté claire et dite tout haut (la première des habiletés diplomatiques), elle inquiète, elle complique, elle menace, tantôt la Russie sur ses intérêts vitaux de la mer Noire, tantôt l'Autriche sur ses intérêts commerciaux de l'Adriatique, tantôt l'Angleterre sur son immense intérêt de communication avec ses soixante millions de sujets dans les Indes. Si ces puissances vous voient tour-à-tour demander avec elles l'intégrité de l'empire et le *statu quo*, et pousser au démembrement, menacées chacune dans un de ses intérêts spéciaux et toutes dans leur orgueil, ne finiront-elles pas par voir en vous des agitateurs et des ennemis partout, et par concevoir contre la France des défiances qu'elles ne doivent qu'aux tergiversations de son cabinet ? Est-ce là de la conservation ? n'est-ce pas plutôt établir à Constantinople un foyer d'animosités et de suspicion, où le feu des collisions en Europe sera conservé en Orient dans une question qu'il fallait allumer ou éteindre.

Mais j'ai dit qu'outre son intérêt de conservation, la France avait un intérêt de développement. Vous connaissez tous celui de la France. Il est dans la nature, il est dans son droit ; il est bien plus, il est dans ses plus glorieux souvenirs ; il est, j'ose le dire, il est à son tour et à son heure aussi légitime que son droit d'exister ; car une nation qui n'a ni toute sa place, ni toutes ses frontières, ni toutes ses influences, n'existe pas aussi complètement que sa nature et sa destinée le veulent. Je n'ai pas besoin d'insister, sans doute. Ceci pour la France est bien autre chose qu'un système ; c'est une passion nationale, c'est un préjugé de la grandeur. Parlez du Rhin et des Alpes, et vous êtes compris avant d'avoir achevé. La gloire y est restée, son esprit y est encore, son drapeau y reviendra une fois.

Eh bien! nous vivons heureusement à une époque où les nations ne prennent pas leurs passions pour des droits, où l'on ne légitimerait rien par la conquête, où l'Europe ne veut que des garanties de paix, où la pondération a pris la place de ces chocs violents qui déclassent les nationalités et les territoires. Nous ne songeons donc pas à conquérir, Dieu nous en préserve! nous restons immobiles et confiants dans les limites des traités que nous pourrions franchir en débordant au Nord et à l'Est. Vous n'avez pas les serres de l'aigle, vous n'avez plus que les contrepoids de la politique..

Mais ces traités eux-mêmes, est-ce la justice ou le sabre qui les a écrits? Les traités de 1815, refoulement violent de l'omnipotence armée d'un conquérant, ne sont-ils pas une réaction de la victoire? Est-ce la sagesse ou la colère de l'Europe coalisée qui les a dictés? Sont-ils donc éternels et immobiles comme ces fleuves et ces montagnes que la nature a donnés pour traités non écrits entre les peuples? Qui oserait le dire? Non, un jour viendra, il était près peut-être, où ces traités se déchireront d'eux-mêmes devant la force des choses, devant la balance mieux comprise de l'Europe, devant la volonté et la patience de mon pays!

A quoi une politique habile, quoique loyale, doit-elle tendre dans les transactions de l'Orient, dans la plus vaste crise qui puisse jamais remuer les bases des puissances? A deux choses, Messieurs, à résoudre la question orientale d'une manière profitable à toutes les puissances intéressées sur la Méditerranée, et à préparer en Europe, par des alliances fortes, des compensations qui assurent un jour cet agrandissement légitime qu'aucune puissance du continent ne nous garantira pour rien.

Je m'expliquerais si c'était l'heure, je m'expliquerais si c'était la place; mais ne m'expliqué-je pas assez en disant ce qu'il ne fallait pas faire?

Ce qu'il ne fallait pas faire, peut-être est-il trop tard pour le dire, puisque vous semblez l'avoir fait; mais cette négociation aura des phases et des rechutes sans fin: je ne désespère pas d'un remaniement de la question. Ce qu'il ne fallait pas faire, le voici, selon moi:

Il ne fallait pas proclamer l'intégrité de l'empire ottoman , dont vous n'étiez pas les tuteurs, et que ni la politique, ni la religion, ni la civilisation ne vous avaient donnée en garde, ou, si vous vouliez la proclamer, il fallait la maintenir. Vous n'auriez pas eu un poids dans la balance, car l'empire ottoman n'y pèse plus, mais vous auriez eu un prétexte, une apparence, un turban, passez-moi le mot, posé sur la carte, et gardant la place vide d'un empire (1).

L'expression choque-t-elle la chambre ? Je la retire.

Il ne fallait pas emprisonner la flotte du Sultan dans les Dardanelles, car vous preniez ainsi devant la Turquie et devant l'Europe la responsabilité des événements, et le hasard vous a donné la responsabilité d'une défaite et d'une trahison la plus honteuse qui ait affligé l'empire (2).

Oui, jamais l'empire turc ne vit son capitan-pacha aller livrer les défenseurs de l'empire à son plus implacable ennemi.

Il ne fallait pas entrer dans le congrès diplomatique de Constantinople, puisque vous deviez en sortir ; il ne fallait pas en sortir, puisque vous deviez y rentrer ; il ne fallait pas y rentrer, puisque vous voulez évidemment en sortir encore.

Il ne fallait pas inquiéter , caresser, menacer, avouer , démentir tour-à-tour les trois puissances avec lesquelles vous voulez maintenir des relations sûres dans l'Occident, car leurs défiances passeront la mer et compromettront vos alliances de nécessité en Europe. Demandez à la Russie si elle est plus confiante en vous qu'avant? Demandez à l'Angleterre si l'alliance anglaise est plus affermie ? N'entendez-vous pas craquer de toutes parts cette alliance que tous les hommes d'état proclament ici difficile, mais nécessaire entre les deux peuples ? Il fallait, je le répète, proclamer tout de suite et tout haut votre pensée conservatrice. Quand on parle au nom de trente-quatre millions d'hommes, l'habileté, c'est la force ; la force, c'est la volonté.

Enfin, et surtout, il ne fallait pas constituer gratuitement vous-mêmes un droit égyptien, une nationalité soi-disant arabe, dans une puissance d'un jour, sans base, sans titre,

(1) Une voix : Comme le chapeau du roi Stanislas en Pologne?
(2) M. le Garde-des-Sceaux : Non, il n'y a pas eu de trahison.

sans nationalité, dans une de ces fantasmagories orientales qui apparaissent et disparaissent avec le génie accidentel d'un seul homme ; il ne fallait pas prendre au sérieux le rêve ambitieux mais impuissant d'un vieillard.

Il ne fallait pas constituer l'hérédité et la légitimité de la dynastie de Méhémet-Ali. C'est déclarer à l'Angleterre une guerre sourde d'un siècle en Orient. Oui, l'Angleterre fera la guerre un siècle dans la Méditerranée, plutôt que de reconnaître une puissance dont le seul rôle créé contre elle sera d'être le geôlier du golfe Arabique, et d'empêcher le contact inévitable, nécessaire, providentiel pour tout le monde, des Indes avec l'Europe, du monde asiatique avec le monde européen. Et que gagnerez-vous à cette guerre ? Un siècle d'anéantissement de commerce, de collisions ruineuses, d'or et de sang perdus, de flottes consumées. Et après ? et après ? Je dis hardiment ici ce que j'ai dit à d'autres époques de Constantinople à l'égard de la Russie : vous n'aurez rien empêché ; la nature est plus forte que ces misérables antipathies nationales ; l'Europe et les Indes communiqueront en dépit de vous par Suez ; vous n'aurez fait que retarder ce grand bienfait de la Providence ; les deux mondes s'embrasseront et se vivifieront en se touchant en Egypte.

Vous n'aboutissez donc en définitive qu'à démembrer l'empire ottoman, à réunir dans une cause commune contre la France des puissances dont les intérêts, contraires entre eux, devaient vous donner inévitablement des alliés en Orient et des amis en Occident. Eh ! ne vous apercevez-vous pas que vous rivez aussi vous-mêmes ces traités étouffants de 1815 où vous deviez préparer une brèche à tout prix, et que toute la prévoyance des hommes d'état doit tendre à briser ou à élargir ?

Voilà vos résultats ! en féliciterai-je le cabinet et mon pays ? Non ; mais je ne m'en effraierai pas non plus. La fortune de la France n'est qu'ajournée ; elle n'est pas perdue. Le pays comprendra enfin ce que la catastrophe de l'Orient lui préparait en Europe, et la question remaniée par les événements et les hommes produira ce qui est en elle, le remaniement de l'équilibre européen. Chaque pierre qui tombera de cette

5

ruine aura sa secousse, son ébranlement, son retentissement en Europe. Un empire est lent à mourir; à chacune de ses convulsions la question se représentera à vous tout entière.

Heureux les hommes qui comprendront alors les intérêts permanents de la France, confondus dans les intérêts permanents, universels de l'humanité ! heureux tous les événements qui briseront vos combinaisons étroites et qui nous appelleront enfin à sortir, malgré nous, de cette torpeur où nous semblons fixés par la double peur des commotions intérieures et des mouvements extérieurs ! Quoi ! nous qui trouvions naguère l'Europe trop étroite pour notre activité, nous trouvons aujourd'hui la France assez large, et nous refusons le champ que nous ouvre la chute de l'empire ottoman? Mais le mouvement régulier des grandes entreprises au dehors n'est-il pas le plus sûr moyen de combattre le mouvement fiévreux et irrégulier des passions perturbatrices au dedans? n'est-ce pas l'exercice qui prévient les convulsions? Oui, heureuse l'heure où l'Orient s'écroulera plus complètement encore et laissera place à tant de populations opprimées, mais fortes et actives, que le poids du cadavre turc écrase, à la honte de la civilisation et des hommes; et où la France, leur tendant une main secourable entre les ambitions de la Russie et les susceptibilités de l'Angleterre, se placera entre ces deux puissances au centre même de l'Asie mineure, les contrepèsera l'une par l'autre, laissera les Russes protéger les populations qui lui sont sympathiques, laissera les Anglais communiquer avec leurs Indes pour le bénéfice du monde, laissera l'Autriche dominer dans l'Adriatique, sa nouvelle mer, et au lieu de faire obstacle et empêchement à tout, faisant concours et assistance aux intérêts naturels de tous, trouvera son propre intérêt, sa propre influence, sa propre richesse dans une nouvelle balance de l'Orient dont elle sera la tige en Europe et dont elle tiendra les contrepoids en Orient.

Oui, Messieurs, quelle que soit à cet égard la pensée du cabinet et de la Chambre, voilà la mienne, voilà mes vues et mes vœux, et les vues et les vœux de tous ceux qui ont étudié la question sur place ! Je les livre à mon pays, accueillis par vos murmures et à mes risques et périls; mais je ne m'afflige pas, je ne me décourage pas de ces marques d'incrédulité. Ces désapprobations de l'opinion publique mal éclairée, qui m'arrivent à la tribune au moment où je vais la quitter, je m'y attendais en y montant, et je les bravais, appuyé sur des convictions réfléchies et sur ma conscience. Mais quelles que soient vos impressions du moment, je me rassure; car je sais que la France n'ajournera pas éternellement sa fortune, et que la vérité a fait alliance avec le temps.

LA QUESTION D'ORIENT,

LA GUERRE, LE MINISTÈRE.

I.

Il n'y a rien d'aussi impopulaire que le sens commun dans un moment où tous les organes de la pensée politique sont possédés par ceux qui ont intérêt à populariser un sophisme. Il n'y a rien d'aussi impopulaire que la paix dans un pays dont la guerre est la glorieuse faiblesse. N'importe, il faut parler ; c'est le devoir de tout homme qui pense. Servons-nous de cette arme de l'intelligence, tout émoussée qu'elle est par le ministère ! servons-nous-en pour éclairer, pour avertir notre pays, jusqu'à ce qu'elle soit brisée entre nos mains !

Une crise suprême gronde sur l'Europe. La France se trouve, depuis quelques jours, suspendue pour ainsi dire, par les fautes de son gouvernement, entre l'humiliation de sa dignité et la guerre sans cause, sans alliance et sans but. Examinons comment elle a été conduite à cette extrémité, et s'il n'y a aucun moyen de la tirer de cette impasse, où elle n'a que le choix des calamités. Je sais bien qu'on vous dit : « Il est trop tard ; la France est engagée, son honneur est solidaire des inconséquences de ses ministres. La crise est trop grave pour les abandonner en ce moment. » — Pitoyable raisonnement de la faiblesse, qui fait le dernier pas vers l'abîme parce qu'on lui a fait faire le premier! Et depuis quand l'impéritie des hommes d'état serait-elle la mesure de la confiance qu'il faudrait leur continuer? Il suffirait donc à un cabinet inhabile d'avoir mis son pays à deux doigts de sa perte, pour que le pouvoir devînt inviolable entre ses mains? On s'absoudrait donc de son incapacité par les résultats de l'incapacité même? et une nation serait condamnée à ne se sauver que par les mains qui l'auraient compromise? Singulier patriotisme que celui qui se placerait sur la tête des hommes qui perdent la patrie! Savez-vous qui est-ce qui dit cela? C'est le ministère lui-même; c'est le ministère qui se réfugie dans les embarras qu'il a créés comme dans le seul asile qui lui reste, qui cherche son salut dans ses fautes et son inviolabilité dans vos dangers! Non, vous n'êtes pas solidaires; non, vous ne vous mettrez derrière personne : la nation seule est assez grande pour regarder l'Europe en face. Ce n'est pas le ministère qui vous protège ; on vous respectera davantage quand il ne sera plus devant vous. Vous sauverez l'honneur de la France et la paix du monde sans lui, et vous les sauverez de lui.

Et moi aussi, j'estime la dignité de mon pays plus que ma vie. Si le mal était consommé, je me tairais, et, sans examiner la cause, j'emploierais mes faibles forces individuelles à surexciter les forces nationales. Une fois le premier coup de canon tiré, un bon citoyen n'examine plus pourquoi, mais avec qui il combat. Quand on n'a pas pu éclairer son pays, on marche avec lui, même à l'abîme. Mais il y a encore un pas entre l'abîme et nous.

La question d'Orient éclata en 1833. Pénétré d'avance de sa gravité, j'étais allé, pendant deux ans, l'étudier sur place. Je revins, convaincu qu'elle était mûre et qu'elle contenait le sort du monde dans ses flancs. Je l'annonçai, et les craquements de l'empire ottoman qui s'écroulait de vétusté, et les Russes campés à Constantinople, et les Égyptiens vainqueurs à Kutaya, l'annoncèrent bientôt plus haut que moi. Ce n'est rien, me dit-on : un empire aussi vieux et aussi vaste chancelle longtemps avant de tomber; d'ailleurs, nous ne souffrirons pas qu'il tombe, nous l'étayerons. Je répliquai qu'on ne ressuscitait pas diplomatiquement un empire dont le principe vital, le fanatisme, s'était retiré; que le pacha d'Égypte, révolté et ambitieux, ne tarderait pas à étendre la main sur la moitié de la Turquie asiatique; que sa domination, violente et passagère, créerait un embarras au lieu de préparer une solution; que la Russie et l'Angleterre s'empareraient du reste; que le plus immense empire du monde se trouverait ainsi, à la honte de la France, dévolu moitié à la Barbarie, moitié à nos deux grands rivaux dans la Méditerranée; que la politique d'ajournement était ruineuse pour nous; que le *statu quo* était tout au profit de la Russie et de l'Angleterre; que pendant que nous nous obstinerions à favoriser, en Égypte, un vieux pacha cent fois plus caduc que son maître, et à conserver ainsi un nom, une ombre, une façade d'empire ottoman, la puissance anglaise et la puissance russe s'avanceraient graduellement au cœur de la Turquie d'Europe et de la Turquie d'Asie; que ne pouvant pas s'entendre avec nous, elles s'entendraient sans nous, et que le jour où il leur conviendrait de se démasquer en Orient, elles souffleraient sur ce fantôme de *statu quo*; qu'elles apparaîtraient, l'une à Constantinople, l'autre au Caire, et que la France se réveillerait un matin, ne voyant plus, à la place où fut la Turquie, que les Russes et les Anglais, assis, en face de nous, sur toutes les positions de la Méditerranée.

Voici ce que je conseillai à mon pays : Prendre soi-même une position d'intermédiaire armé, faire un débarquement en Syrie, en grouper les populations toutes belliqueuses, toutes chrétiennes, toutes prédisposées à la France, sous le drapeau français; proclamer l'indépendance de la Syrie sous la suzeraineté de la Porte et sous la garantie de la France; refouler Méhémet-Ali en Égypte et demander un congrès à Vienne. Le congrès ouvert (et une fois établis en Syrie, on ne peut plus vous le refuser), dire à l'Autriche : « Nous sommes à nous deux les médiateurs naturels de la question orientale; la Russie ne peut pas faire un pas vers Constantinople si vous le défendez des bords du Danube; l'Angleterre ne peut pas jeter un homme en Égypte si nous la surveillons du haut de la Syrie. Personne ne peut plus violenter la question ; traitons donc et remanions pacifiquement l'Orient. »

J'ai dit trois fois à la tribune quelles devaient être, dans l'intérêt de la paix, de l'équilibre européen et de la France, les bases de ces traités ou du moins leurs tendances. Je ne les développerai pas de nouveau ici. Je les résume en deux mots : Protectorat général de l'Occident sur l'Orient. Intégrité de l'empire turc, respect du territoire et des nationalités. Mais protectorat spécial de chacune des quatre grandes puissances sur les quatre grandes divisions de l'empire qui les intéressent le plus immédiatement. La mer Noire et son embouchure au protectorat russe ; les bords de l'Adriatique au protectorat autrichien ; le centre de l'Asie-Mineure, Rhodes, Chypre, la Syrie et l'Euphrate au protectorat de la France ; enfin l'Égypte et le passage de Suez au protectorat de l'Angleterre. Le patriotisme négatif jette ici les hauts cris : je le prie d'attendre ; il va voir pourquoi. On ne fonde pas la paix générale sur un intérêt légitime, malicieusement et jalousement contesté. On ne fonde un vaste et durable équilibre que sur des intérêts équitablement distribués et loyalement satisfaits. Ce système n'était pas autre chose que l'union de l'Orient et de l'Occident ralliés ensemble par le nœud de la politique et du commerce. C'était la Méditerranée libre ; c'était la paix du monde enchaînant à la fois l'Europe et l'Asie, et tenant, pour gage de sa perpétuité, les mains des puissances prépondérantes engagées dans la même mer et dans le même continent. L'avenir jugera ce système et dira qui est-ce qui a rêvé. M. de Talleyrand et Napoléon avaient rêvé comme moi. Ces deux rêveurs !

Un autre système prévalut, un soi-disant *statu quo*. Ce système était tout au profit de la Russie et de l'Angleterre contre lesquelles il semblait dirigé. Mais enfin c'était un système, un système qui pouvait avoir sa valeur comme ajournement convenu. Mais il supposait bonne foi et loyauté dans les cinq puissances ; il supposait au moins, dans le cabinet français, conformité des actes et des déclarations.

Soyons juste : le ministère du maréchal Soult l'adopta, à tort selon moi ; mais, une fois adopté, le vieux guerrier à qui les journaux de la coalition ont jeté tant de dédain sans pou-

voir faire tache sur la gloire, le vieux guerrier le suivit avec
une intelligence et une fermeté qui trompèrent le dénigrement intéressé de ses détracteurs. Nul ne sait mieux négocier
que celui qui sait combattre. Ce qui s'écrit avec l'épée se
grave plus avant que ce qui se griffonne avec la plume. Le
maréchal Soult arrêta d'un mot Ibrahim victorieux à Nézib ;
d'un autre mot, il arrêta l'intervention isolée de la Russie à
Constantinople, et de l'Angleterre en Égypte. L'Europe n'osa
ni jouer avec une telle parole, ni forcer une telle main. L'affaire allait avoir une issue incomplète selon moi, mais provisoire, honorable, pacifique, quand la coalition, à son troisième
acte, s'absorba dans un seul homme, et se fit dictateur, ne
pouvant pas se faire gouvernement. Le 1er mars surgit d'un
orage, et gros d'orages sur nos affaires.

Je l'ai toujours dit et je le répète, j'apprécie très haut l'élan
et l'aptitude gouvernementale du président du conseil du
1er mars. J'ai toujours eu une sympathie involontaire pour
les natures qui savent à la fois penser et agir, et pour les
hommes qui ont en eux le courage de leur talent. Quand on
sait se comprendre, on sait se respecter. Tout en combattant,
je ne suis pas de ceux qui dénigrent : le dénigrement n'est
que la jalousie de l'impuissance. Mais, je le dis avec la même
franchise, le jour où ce ministre, adopté comme symbole de
la coalition, a accepté d'être la personnification du chaos, ce
jour a été pour mon pays un jour néfaste. Ce ministère ne
finira que par une catastrophe. Ses intentions peuvent être
pures, il peut vouloir l'ordre au dedans, la paix au dehors,
peu importe ! l'anarchie au dedans et la guerre extérieure
sont dans la nécessité de sa situation. La logique est la fatalité
des choses, comme la destinée est la fatalité des hommes. Il
y a treize mois que je montai à la tribune et que je criai à mes
collègues : « Si vous cédez le ministère à ce ministre, vous
« aurez la guerre ! » Et notre ambassadeur à Londres, qui
s'élança pour me répondre et qui m'accusa de calomnier
l'avenir, qu'en pense-t-il aujourd'hui? Il était l'envoyé de la
France en Angleterre, il est homme de conservation et de
paix, il croyait posséder en lui ce *quos ego* qui abat les tempêtes, il croyait bien tenir entre ses mains habiles et loyales

les fils des négociations aboutissant en Angleterre, il a l'estime et les sympathies des wighs et des tories eux-mêmes, c'était l'homme le mieux choisi pour assurer des solutions pacifiques, et la guerre a glissé, sans qu'il s'en aperçût, de ses mains....... La coalition était ministre!

Comment le ministre du 1er mars a-t-il donc posé la question pour que la guerre, et la guerre sans alliés, en sortît tôt ou tard? Le voici : au lieu de rester Français, il s'est fait Égyptien. L'Égypte était populaire pour le quart d'heure. Un ministre qui ne peut vivre que de popularité est obligé de la prendre où elle est. Il a caressé, grossi, nourri ce préjugé napoléonien qui fait de l'Égypte une province du sol sacré de la France, et d'un pacha de soixante-treize ans, homme d'esprit, qui joue avec sa fortune au bord de sa tombe, *le puissant allié de la France*. Ce vieillard n'a pas assez de l'Égypte et de l'Arabie; il aurait quelque plaisir, sur ses derniers jours, à ajouter la Syrie et ses généreuses populations à sa pacotille de royaumes. Cela arrangerait mieux après lui la distribution de son héritage, cela ferait une part pour quelqu'un des fils de ses fils. La France, pour qui il ne peut rien, pour qui il n'a jamais rien fait, pour qui il ne peut jamais rien faire, doit comprendre ces velléités du vieil Arnaute, et verser le plus pur de son sang pour les servir. Cela est trop juste, cela est passé dans le domaine de l'incontestable, cela s'appelle du patriotisme français depuis quelques semaines. Voilà comment ces publicistes du 1er mars l'ont fait. En vérité, tout homme qui a mis seulement un pied en Orient et qui n'est pas entretenu ministériellement dans son enthousiasme égyptien, sourit de pitié ou rougit de pudeur en lisant de pareils défis au bon sens.

En vertu de ce nouveau droit des gens et de cette légitimité d'une barbarie viagère en Égypte et en Syrie, le gouvernement, qui avait proclamé l'intégrité de l'empire ottoman de concert avec les quatre puissances, s'est ravisé depuis le 1er mars et a dit tout à coup: «Il est vrai que la France a voulu et proclamé avec vous l'intégrité de la Turquie; mais nous entendons aujourd'hui par là l'empire turc coupé en deux, et la moitié de l'Asie donnée en garantie héréditairement au

pacha. Nous entendons de plus qu'on ne le force pas à resti-
tuer à son maître la flotte ottomane que la trahison lui a
livrée, et qu'on le laisse négocier ce palladium de l'empire
contre des districts plus étendus et des usurpations plus menaçantes. » Voilà littéralement le sens des négociations connues.
Je le demande à la loyauté de la France elle-même, à ce langage, qu'a pu penser l'Europe ? Les événements vous le disent ;
elle a pensé que le ministère français se moquait d'elle, de la
langue et du bon sens, et après avoir conjuré la France de
tenir sa parole et de s'unir à elle pour s'entendre sur ces bases
proclamées en commun, elle s'est dit : « J'agirai seule, con-
formément aux vues primitivement énoncées par le cabinet
français. » Le cabinet français répond : « Vous n'agirez pas,
ou je ferai la guerre à tout le monde. » En d'autres termes,
la France a dit : « Je veux l'intégrité de l'empire ottoman pour
empêcher que la Russie ne mette le pied à Constantinople, et
les Anglais en Égypte. » La Russie a répondu : « Vous avez
raison, proclamons en commun l'intégrité et l'inviolabilité de
l'empire. Je n'aurai plus de prétexte d'aller à Constantinople ;
je veux la paix du monde avant tout. Mon ambition est large
comme l'espace, mais elle est patiente comme le temps. »
L'Angleterre a répondu : « Vous avez raison, proclamons l'intégrité de l'empire ; que Méhémet continue à gouverner
l'Égypte. Je ne mettrai pas le pied en Égypte ; je veux l'alliance de la France et la paix du monde avant tout. » Le ministère du 1er mars réplique : « Je ne veux plus ce que je voulais,
je ne veux pas dire ce que je veux, je ne veux pas traiter avec
vous et je ne veux pas que vous traitiez sans moi, ou la guerre !»
Qui est-ce qui provoque ? et où est l'affront ?

Qu'en résulte-t-il ? Vous le voyez : que l'inhabileté provo-
cante du ministère a mis la France dans la déplorable attitude
d'être forclose de la question orientale, ainsi que je l'ai
annoncé à mon pays dès le point de départ de cette négociation, et que la France, humiliée par cette fausse attitude que
son cabinet lui fait prendre, se trouve dans la double impossibilité ou d'accepter l'humiliation ou de faire une guerre inique pour soutenir les contradictions de ses ministres.

La crise est imminente, n'en doutez pas. Quels sont, pour

la France, les moyens d'en sortir? Il n'y en a que trois. Les voici :

1° Que l'Europe recule, et que la Russie et l'Angleterre consentent à céder la moitié de la Turquie à Méhémet-Ali.

2° Que la France allume une guerre générale contre toute l'Europe et contre le sultan lui-même, au nom de l'intégrité de son empire.

3° Que le ministère du 1er mars se retire, et qu'après avoir compromis la France dans une négociation sans issue, il laisse à un cabinet plus conséquent et plus prudent la tâche très-difficile de rectifier la situation, et de replacer la France à son rang dans les conseils de l'Europe, d'où on nous a fait exclure.

Examinons en peu de mots ces trois hypothèses :

1° Que l'Europe recule, et que, pour complaire à Méhémet-Ali, elle consente à lui donner un empire héréditaire de la moitié de l'Asie-Mineure? je le croirai quand je l'aurai vu. Le Russie, si elle était dans tout ceci aussi déloyale et aussi pressée qu'on le dit, pourrait en effet y consentir, et aurait certes tout à y gagner, dans l'intérêt de sa prépondérance à Constantinople. L'empire ottoman, partagé en deux et placé sous le coup des menaces de Méhémet-Ali, la gênerait moins que l'empire ottoman entier et inviolable, sous la garantie de l'Europe. Quel que soit le ridicule enthousiasme qu'on affecte à Paris pour les armées et les flottes du pacha, je ne pense pas que les soldats d'Ibrahim fissent beaucoup trembler les bataillons russes. J'admire la Russie de ne pas accepter le défi que nos publicistes portent au colosse du Nord, au nom du Napoléon égyptien.

Mais l'Angleterre! consentira-t-elle jamais, elle, à créer contre elle-même un empire égyptien? J'ai dit là-dessus ma pensée, tout haut, à la tribune. L'Angleterre acceptera un siècle de guerre, sur la Méditerranée, avec nous et avec tout le monde, plutôt que de concéder les clés de Suez à un souverain légitimé et constitué par l'influence hostile de la France en Égypte. Pourquoi cela? parce que l'Angleterre étant maîtresse de soixante-quinze millions de sujets dans les Indes, et Suez étant aujourd'hui et dans l'avenir la porte de son immense empire indien, elle ne peut pas se laisser fermer cette porte de sa puissance, de sa politique et de son commerce, sans la défendre jusqu'à extinction de ses forces. Vous n'avez à Alger que trois mille colons et un champ de bataille éternel ; mais si une puissance voulait interposer une barrière entre l'Algérie et vous, vous combattriez jusqu'à la mort. Que ne fera donc pas l'Angleterre pour le plus riche et le plus vaste empire que la politique ait jamais conquis ?

2° Que la France fasse la guerre générale et sans alliés pour la cause de Méhémet-Ali ?

Ah ! la guerre ! la guerre magnanimement acceptée et non brutalement intentée à tout le monde ; la guerre avec un droit, un sens, une cause, un intérêt juste et national ; la guerre pour un principe qu'on disputerait à nous ou aux autres ; la guerre même pour une idée, pour un de ces problèmes sociaux qui fanatisent la pensée humaine, et qui, après avoir ensanglanté et bouleversé l'Europe, laisse au moins apparaître, quand elle se retire, quelque chose d'inconnu et de grand, quelque chose comme la liberté de conscience, comme l'égalité de droits, comme une forme nouvelle de religions ou de gouvernements ; la guerre alors à une heure bien choisie, au tocsin d'une nécessité urgente et démontrée à tous. Eh ! quel est le Français qui ne la saluerait comme un devoir, tout en la déplorant comme un fléau ? On sait assez que la guerre est le vice héroïque du génie français, qu'il la respire, qu'il la devance, qu'il l'improvise ; que la France enfante des armées avec plus de rapidité que ses saisons ne mûrissent ses épis. On sait assez que le plus sûr comme le plus coupable moyen de lui dérober de la popularité, c'est de l'appeler aux armes ; qu'il n'y a pas de raisonnement, pas de parole, pas de discours qui la persuade autant qu'un coup de canon. Malheur à ceux qui abuseraient de sa glorieuse faiblesse et qui lui feraient la cour avec la fumée de son propre sang !...

La question donc n'est pas si la France fera bien la guerre, mais pourquoi elle la fera. Vous, ministres, vous en aviez cent à choisir ; laquelle avez-vous choisie ?

L'Europe est divisée en deux grands principes qui vivent en paix, mais qui ne s'aiment pas, le libéralisme et l'absolutisme. Vous pouviez allumer une guerre où vous auriez eu pour vous les puissances constitutionnelles et toutes les tendances libérales de l'Europe. Je ne dirai pas, comme M. *Canning*, que c'est là le fouet des furies déployé sur le monde, mais je dirai que c'est là le levier tout-puissant, le miroir ardent de l'opinion à l'aide desquels un Archimède politique peut tenter de remuer le monde et de l'incendier. Au lieu de cela, que faites-vous? Vous déchirez les premiers cette quadruple alliance des peuples destinée à contre-balancer un jour la quadruple alliance des rois; vous violentez l'alliance anglaise, vous forcez l'Angleterre à être votre ennemie malgré elle. En lui demandant l'Égypte, vous lui demandez sa vie. Elle ne vous la donnera pas, mais elle vous donnera sa haine, et ces haines coalisées qu'elle sait souffler et solder sur toutes les terres et sur toutes les mers. Vous refaites vous-mêmes la guerre de coalition, la guerre sans alliés, quand vous pouviez choisir les alliances ! Mais la guerre sans alliés pour la France, au lendemain de 1830, c'est un fait tellement monstrueux dans l'ordre politique, que si la démence n'était pas visible, l'histoire chercherait où fut la trahison.

Il y a donc une cause bien sainte à servir, un intérêt bien vital à défendre, un bien immense résultat à recueillir, pour que la France réunisse elle-même en faisceau tous ses ennemis et tous ses amis, et leur dise : Je veux combattre ! — Voyons :

La cause de Méhémet-Ali en Syrie est la cause de la France, vous dit le ministère. La cause de Méhémet-Ali en Syrie est celle de la France?... Cela fait frémir quand on sait ce que c'est que la Syrie, ce que c'est que Méhémet-Ali. Vos enfants n'auraient pas assez de voiles pour couvrir la honte de leurs pères si nous pouvions consentir à être les suppôts et les exécuteurs de Méhémet-Ali en Syrie. Sachez au moins ce que vous allez faire, sachez dans quel sang pur, généreux, ami, on veut vous faire aller tremper vos mains! La Syrie est séparée de l'Égypte par un désert de dix jours de traversée. C'est une contrée presque toute européenne, toute chrétienne, toute civilisée, toute industrieuse, toute en harmonie de relations, d'idées, de confraternité avec nous. C'est la Morée en Asie. C'est le Caucase, mais le Caucase policé, occidentalisé par les mœurs. La foi et les montagnes, ces deux gardiennes de la liberté, lui ont conservé au moins, sous la suzeraineté des Turcs, une indépendance relative. La Turquie la gouvernait avec tolérance, mollesse, respect. Liberté de religion, liberté de culture, liberté de commerce y étaient des droits sinon écrits, au moins acquis par l'habitude. Peuplée de Grecs, d'Arméniens, d'Arabes cultivateurs, d'Arabes pasteurs, de Druses, les Suisses de l'Asie, de Maronites surtout, population saine, vigoureuse, catholique, qui peut mettre en un jour quarante mille combattants sous les armes et rendre inexpugnables les citadelles naturelles du Liban, la Syrie s'émancipait rapidement et vit avec horreur l'invasion de Méhémet; c'était pour elle le rajeunissement du despotisme, la recrudescence de la barbarie. Les premiers actes du gouvernement du pacha furent les levées d'hommes arbitraires jusqu'à extinction de population, les impôts jusqu'à extinction de culture, la suppression de la liberté de commerce, le monopole établi au profit du pacha. Trois fois les malheureux Syriens essayèrent de se soulever et furent sur le point d'anéantir les armées d'Ibrahim; mais ils retombèrent découragés par l'abandon de l'*émir Beschir*, leur principal chef, qui les vend au repos de ses vieux jours, et par les menaces de cette diplomatie plus égyptienne que française, qui garantit de les garrotter et de les livrer à jamais à leurs tyrans.

Et voilà le peuple, le peuple tout français de cœur, sur lequel vous voulez sceller, au nom de la France et dans le sang de la France, le joug d'un pacha musulman! Vous vous êtes armés, il y a quinze ans, aux applaudissements du monde, pour combattre Ibrahim, fils de Méhémet, en Morée, et lui arracher les têtes de quelques malheureux Grecs; on veut vous armer aujourd'hui pour écraser avec Ibrahim, et au profit d'Ibrahim, de l'islamisme et de la barbarie, trois ou quatre millions de Syriens qui tendaient les bras vers vous! Vous souvenez-vous des exécrations unanimes qui accueillirent et poursuivent encore aujourd'hui le gouvernement anglais quand il abandonna *Parga*, par un marché d'hommes, aux férocités du pacha de Janina? Eh bien! l'abandon de quelques centaines de Parganiotes par les Anglais fut un acte de loyauté et d'hu-

manité auprès de ce que vos ministres vous ordonnent de
faire. Car enfin les Anglais se contentèrent de retirer le
pied du territoire de l'Albanie et de laisser *Parga* à son
sort; et nous, on nous demande nos flottes, nos armées,
notre or, notre sang, pour arracher à ces peuples chrétiens
la liberté que les Turcs eux-mêmes leur avaient laissée, et
pour les livrer et les garantir à un pacha qui n'a d'autre droit
sur eux que ceux que votre détestable politique lui donnerait!
Mais que diriez-vous si l'on proposait à la France de transfor-
mer sa noble et libératrice armée en gendarmerie de l'Autriche, pour lui asservir Venise, Naples, ou lui garantir la
Lombardie? Que diriez-vous si l'on vous proposait d'aider
l'Angleterre à garrotter l'Irlande? Que diriez-vous si l'on vous
proposait d'armer cinq cent mille hommes et de les prêter à
la Russie pour tenir à deux les membres enchaînés mais pal-
pitants encore de la Pologne? Eh bien! ce qui vous soulève-
rait d'indignation et de dégoût en Occident, vous l'applau-
dissez en Orient! Vous permettrez à vos ministres d'appeler
cela une guerre patriotique, une guerre sainte! Ah! l'histoire
qui rend leur nom aux choses l'appellera une guerre honteuse,
une guerre impie, et quand elle voudra honorer la France,
elle aura besoin d'en détourner les yeux!

Mais ces habiles gens disent: La politique justifie tout;
c'est une guerre politique. — C'est une guerre politique?
nous allons voir.

Je la suppose heureuse. J'admets que la France, isolée en
Europe, isolée sur la Méditerranée, isolée sur le Rhin, isolée
en Orient, engagée et compromise en Afrique, balaye tout à
la fois (ce qui ne s'est jamais vu encore, toute France qu'elle
est) sur mer et sur terre les flottes réunies de l'Angleterre, de
la Russie, de la Turquie, de l'Autriche et de Naples, et les
armées coalisées de l'Europe entière. Une campagne de géants
sur mer et sur terre, en Afrique, en Asie et en Europe, a été
triomphante partout. L'Égypte est créée. Que nous en re-
vient-il? Je défie qu'on me le dise, excepté un bulletin pour
glorifier le ministère. Raisonnons: l'Égypte et la Syrie au
vieux pacha vous donnent-elles une route vers des possessions
dans les Indes que vous n'avez pas? ou une frontière contre

les Russes que vous ne touchez pas? ou une position contre
l'Angleterre que vous ne dépossédez pas? ou un débouché
commercial et industriel que vous ne conquerrez pas? ou une
garantie de paix et de sécurité européenne que vous ne rui-
niez pas? rien, absolument rien! guerre pour la guerre,
guerre de dupes, guerre où la défaite est honteuse, guerre
où la victoire est sans fruit, guerre où l'on jette votre sang
dans la mer comme si la France en avait de trop pour les
justes causes de nationalité ou d'humanité qui le font seules
glorieusement et utilement couler!

Qui ne voit, à l'inspection raisonnée d'une carte de géo-
graphie, ce que vos ministres seuls ne voient pas ou font
semblant de ne pas voir? Qui ne voit que l'Égypte et la Syrie
constituées en souveraineté et garanties au pacha par la
France, c'est la guerre éternelle en Orient et en Europe, et
qu'il faudrait, pour conserver cette possession à Méhémet et
à ses héritiers une campagne renouvelée tous les ans? Méhémet-Ali couronné et inauguré par vous, cela change-t-il quelque chose aux positions respectives des grandes puissances
contre qui vous l'auriez élevé? Cela enlève-t-il Venise, Trieste,
l'Adriatique à l'Autriche? Cela ferme-t-il à cette monarchie
danubienne la route de Constantinople par la *Servie*, la *Bulgarie* et *Andrinople*, où elle peut, en quinze marches, porter
de *Semlin* une armée de deux cent mille hommes, faire sa
jonction avec les Russes au pied des *Balkans*, rallier l'armée
turque, aller inonder l'Asie-Mineure par Kutaya, et écraser
vos Égyptiens au revers du *Taurus?* Cela ferme-t-il la mer
Noire à la Russie? Cela peut-il l'empêcher d'arriver de Sébastopol en trois jours avec ses flottes, de débarquer cinquante
mille hommes, d'organiser, d'armer les populations grecques
de l'empire ottoman, et de marcher, en grossissant à chaque
marche, sur *Alep* et sur *Damas?* Cela comble-t-il la mer
Rouge? Cela peut-il faire que les Anglais, maîtres de l'*Inde* et
d'*Aden*, ne versent sans cesse de nouvelles armées de Cypayes
sur le revers de l'Arabie et de l'Égypte, lors même que vous
seriez assez dominateurs de la Méditerranée pour leur interdire les débarquements en Syrie et à Alexandrie? Enfin cela
enlève-t-il à ces mêmes Anglais Gibraltar, les îles Ioniennes,

Corfou, Malte, cette citadelle de la mer, sans parler des autres îles asiatiques dont ils s'empareront, soyez-en sûrs, au premier indice sérieux de guerre avec vous? L'Égypte sera donc sans cesse compromise, sans cesse attaquée, sans cesse envahie, soit par les troupes autrichiennes et par l'armée ottomane, soit par les Russes débouchant de la mer Noire, soit par les Anglais descendus des Indes au Caire, soit par les Anglais sur la Méditerranée, soit, ce qui est plus probable, par toutes ces agressions combinées? Résisterait-elle seule? C'est insensé à demander. Y résisterez-vous vous-mêmes? Mais Bonaparte et Kléber, à la tête de quarante mille hommes de ces vieilles troupes trempées dans l'enthousiasme républicain, y ont capitulé! et alors la France n'avait pas la moitié de ses flottes et de son armée engagée dans les eaux et dans les sables d'Alger. Non, soyons vrais : tant que la mer Noire s'ouvrira sur le Bosphore, tant que l'Adriatique débouchera dans la Méditerranée, tant que les Anglais auront les Indes, Gibraltar, Malte, Corfou et une voile sur les mers, tant que la mer Rouge baignera l'Arabie et l'Égypte, à quelques heures du Caire, rêver la constitution violente d'un soi-disant empire égyptien contre les intérêts vitaux des puissances les plus intéressées, rêver une Égypte exclusivement française, c'est rêver à l'impossible. Un homme d'état qui dirait une semblable folie, s'il n'avait pas une armée de sophistes pour applaudir et pour populariser ses fautes, un tel homme d'état ne mériterait pas qu'on lui répondît sérieusement. Et moi aussi je voudrais briser les traités de 1815. Mais, pour les briser, il faut un levier. Le levier, c'est une alliance.

Mais la guerre pour l'Égypte, ce n'est pas seulement la guerre avec l'Angleterre et avec la Turquie, c'est la guerre avec le monde. C'est la coalition refaite, systématiquement, par nous-mêmes et contre nous-mêmes, non plus pour la sainte défense du territoire et de la liberté comme en 1792, mais pour une fausse vue diplomatique.

Personne ne croit plus que moi à la toute-puissance du droit et de la nationalité injustement offensée. Mettez d'un côté le bon sens, le bon droit, une bonne cause et la France

6

seule, et de l'autre l'Europe, je parierai pour la France. Car
la force morale est le ressort de toute force matérielle. La
force nationale n'est que la conscience armée d'un peuple.
Tant vaut la cause, tant vaut la nation.

Je vous ai montré la cause et les résultats ; voyons les
moyens. Les moyens ? ils sont de deux natures ; réguliers et
révolutionnaires. Du canon et des principes. Les moyens
réguliers, quelque grands qu'ils soient, je les reconnais
immenses, sont-ils raisonnablement suffisants pour combattre
à la fois, à armes égales, les masses innombrables de baïonnettes que l'Autriche, la Prusse, la Russie, l'empire ottoman,
les insurgés syriens et l'Angleterre coalisés peuvent mettre
en ligne sur les continents, et les invasions navales que l'Angleterre, la Russie et la Turquie peuvent tenter en Syrie, en
Afrique, en Algérie et dans nos colonies des Indes et des
Antilles ? Tout est possible au génie et au patriotisme de la
France ; mais si le patriotisme une fois lancé ne recule devant
rien, l'imagination et la raison hésitent devant la masse incalculable aussi d'impôts, de vaisseaux, de matériel et d'hommes
que suppose un tel déploiement de nos forces partout à la
fois. Le sentiment national est fini, le calcul est borné. Ce
n'est pas un budget, ce n'est pas une conscription, ce ne sont
pas des arsenaux qui peuvent y suffire. C'est la toute-puissance de l'enthousiasme et du désespoir ! où les chercherez-
vous ? Où ils se trouvèrent, il y a cinquante ans. Dès le premier jour, une telle guerre sera forcément une guerre
extrême, une guerre révolutionnaire. Nous tenons les clefs
du volcan, nous les jetterons dans le gouffre et nous dirons :
« Qu'il éclate sous nos pieds, pourvu qu'il dévore nos ennemis ! » A des hommes d'état qui tiendraient un pareil langage
pour une guerre de caprice et de spéculation, au profit d'un
pacha révolté dans un coin du monde, il n'y a rien à répondre.
Ce sont des joueurs qui jouent l'univers au dé. Les principes
ultra-révolutionnaires, chargés froidement à Paris par un
gouvernement régulier, et lancés aux quatre coins de l'Europe pour aller faire explosion sur tous les trônes et sur tous
les peuples, ce n'est plus de la politique, ce n'est plus du gouvernement ; c'est du crime et du chaos ! Cela ne s'apprécie

plus par les calculs du raisonnement ; cela se flétrit avec l'exé-
cration de la conscience. Les lois de la logique ne s'ap-
pliquent plus à la démence. Le regard impassible de la Providence peut seul envisager de sang-froid les flammes de
l'incendie qui embraserait toute l'Europe. Oui, vous incen-
dieriez l'Europe : Mais vous !...

Vous incendierez l'Europe ? Cela est possible. Mais faut-il
dire ma pensée tout entière ? Peut-être ne l'incendieriez-vous
pas ; peut-être la torche que vous menacez de secouer sur les
peuples aurait-elle brûlé votre main avant ! Peut-être des
révolutionnaires moins théoriciens, mais plus sincères, vous
l'auraient-ils arrachée avant que vous en eussiez fait un ter-
rible usage, et l'auraient-ils éteinte eux-mêmes dans le vent
et dans le sang ! Peut-être enfin le feu ne prendrait-il pas
aussi vite et aussi loin que vous le dites et que vous le
croyez !

Prenez garde ! la révolution française, si puissante et si
communicative à son principe, parce qu'elle portait tant de
vérités et tant de fanatisme sincère dans ses flancs, a en elle
aujourd'hui deux forces opposées : une force de propagation
et une force de répulsion. Napoléon, que vous exaltez si ridi-
culement sous ce rapport, comme le grand propagateur,
comme le missionnaire armé de la révolution ; Napoléon, qui
ne fut en réalité que la contre-révolution incarnée dans un
soldat ; Napoléon, qui mit le despotisme à la place de la liberté,
la noblesse à la place de l'égalité, l'aristocratie à la place du
peuple ; Napoléon a immensément dépopularisé la révolution
française en Allemagne, en Italie, en Belgique, en Pologne,
en Espagne, partout où il a porté le joug et les dévastations
de la conquête, au lieu d'inoculer l'indépendance et la liberté.
Voilà le vrai. Partout la nationalité des peuples, opprimée
par ses soldats et ses décrets, a réagi contre la France de 89.
Il a enlevé, et c'est pourquoi je le hais ! il a enlevé à la révolution réformatrice la plus grande puissance d'un dogme, la
puissance du désintéressement. On a vu le joug de la France
derrière le drapeau tricolore ; c'était la liberté qu'il fallait y
montrer ! Les baïonnettes ont décrédité les idées. On veut
bien nous admirer, on ne veut pas nous servir. Le mouvement

de 1813, qui souleva le patriotisme européen contre nous, et refoula le drapeau français de Moscou, de Cadix et de Rome jusqu'au Rhin, fut le premier symptôme de cette révolte des nationalités contre la révolution armée. Qui sait comment des peuples, avertis par l'abandon de la Pologne et de l'Espagne, prendraient ces démonstrations ultra-révolutionnaires et ces élans de sympathie jouée pour la liberté du monde, qui éclateraient de sang-froid, à une heure convenue, d'après une note de chancellerie, et comme un ultimatum désespéré d'une diplomatie aux abois? Peut-être que cela ferait crouler l'Europe, peut-être que cela la ferait sourire. Je n'en sais rien. Du sublime au ridicule il n'y a qu'un pas. Votre maître l'a dit, toute manifestation révolutionnaire qui n'est pas sublime est risible. Et j'ajouterai : en ce genre, tout ce qui n'est pas sincère est atroce!

En tout cas, que penser d'un ministère qui aurait placé ainsi son pays en trois mois entre la terreur et le sarcasme de l'Europe? Que penser d'un ministère qui a reçu la France en pleine paix et qui fait discuter à ses organes de pareilles extrémités?

Il est évident pour tout le monde que le ministère qui a posé la France derrière un pacha d'Alexandrie et secoué la guerre sur l'Europe au nom de l'Egypte ne peut pas reculer. Il faut que la France le couvre d'un million de baïonnettes, et rachète, au prix de son sang, l'imprévoyance inouïe de son ministère.

Hommes téméraires et rétrogrades à la fois! hommes aventureux attardés d'un siècle! hommes qui croyez qu'une révolution refroidie se parodie éternellement elle-même à cinquante ans d'intervalle! vous vous dites de grands politiques, parce que vous aurez éludé ainsi les difficultés de la liberté en rejetant votre pays dans le mouvement stérile et convulsif des armes! Vous ne savez pas manier sans la briser cette lourde et délicate machine qu'on appelle le gouvernement constitutionnel, et vous vous croyez forts en l'arrêtant! Prenez garde! elle reprendra sa course et vous écrasera. La guerre est le secret des empiriques dans l'embarras. La liberté est le génie des hommes d'état. Il ne faut que de l'esprit pour comprendre la guerre ; il faut de la conscience et de la vertu pour comprendre la liberté !

Le chef-d'œuvre de la révolution de Juillet, ce qui la marque entre toutes les autres aux yeux de l'homme d'état, c'est de s'être accomplie et régularisée dans la paix. Changer sa forme intérieure, changer sa dynastie, changer sa constitution politique, changer les tendances de son gouvernement et rester en harmonie avec l'Europe qui ne connaissait que la France de 1815, c'était là le problème le plus difficile qu'une nation se fût jamais posé à elle-même. La France l'a résolu, mais avec quel travail ! avec quel génie ! avec quel patriotisme ! avec quelle consommation de grands caractères et de grands talents ! M. Périer y est mort ! M. de Talleyrand y est mort ! un Roi s'y est caractérisé ! Il fallait à la fois à cette œuvre tant de sagesse et tant d'audace ! il fallait que, d'un côté, un ministre osât dire à l'Europe indécise : « Si vous intervenez en Belgique, demain cinquante mille hommes passent la frontière ! » Il fallait, d'un autre côté, qu'un autre ministre osât dire à l'Autriche : « Voici le drapeau français à Ancône ; si vous faites un pas de plus en Italie, je le déploie ! » Je me souviens qu'étant à Londres en 1831, et entrant un matin chez M. de Talleyrand, je trouvai le vieux diplomate la physionomie fatiguée par les veilles d'une nuit sans sommeil, et travaillant encore sur une petite table, au pied de son lit où il ne s'était pas couché. Quoique creusés par l'âge, par la pensée et par l'insomnie, ses traits respiraient ce calme, cette sérénité, ce rayonnement intérieur d'un esprit satisfait qui triomphe ou qui pressent le triomphe sur de grandes difficultés vaincues ; la grandeur de l'œuvre semblait en ce moment grandir et dignifier l'homme. — « Savez-vous ce que je fais là ? me dit-il en me montrant du doigt les dépêches dépliées sur la table. — Non, mon prince, lui répondis-je, je ne le sais pas et je ne dois pas le savoir ; mais ce que je sais sans que vous me le disiez, c'est que vous tentez le chef-d'œuvre de la diplomatie moderne. — Oui, me dit-il, j'essaie d'établir la paix du monde en équilibre sur une révolution ! »

Trois mois après, l'alliance anglaise était préparée ; trois ans après, la quadruple alliance était signée à Londres par

M. de Talleyrand , et le monde avait désarmé. La première
œuvre du ministère du 1er mars , c'est de la déchirer. La révolution de Juillet est de nouveau à son lendemain. Elle est à
son lendemain , moins sa jeunesse , moins son enthousiasme,
moins l'étonnement et la stupeur des puissances , moins l'alliance anglaise. En trois mois , nous avons reculé de la moitié
de l'Europe. Jusqu'où ne reculerons-nous pas , si nous n'ar-
rêtons pas ce ministère ?

Mais l'arrêter... ! qui le peut ? Personne. Ne vous y trompez
pas ! ce ministère n'est pas un ministère, c'est un quasi-direc-
toire. Il n'est pas né d'une majorité régulière, succédant à
une majorité vaincue. Il est né d'un complot de minorités,
qui , se réunissant un moment pour détruire , lui ont dit :
« Monte au pouvoir, nous t'y soutiendrons tant que nous
aurons besoin de masquer l'empiètement sous les formes
constitutionnelles Nous allons te prêter des votes antipathiques entre eux, mais qui te feront un semblant de majorité, à
condition que tu gouverneras par les minorités, à condition
que tu gouverneras par l'opposition , à condition que *tu gouverneras contre le gouvernement!* Va donc et détruis, ce sera
ton œuvre à toi ! Détruis la vérité dans la presse, détruis la
majorité dans la Chambre, détruis la majorité dans les électeurs , détruis la majorité au Luxembourg ! détruis l'équilibre
des trois pouvoirs aux Tuileries ! détruis l'harmonie diplomatique si laborieusement rétablie avec l'Europe ! détruis la quadruple alliance des peuples ! détruis l'alliance anglaise en
l'exagérant , et ne la remplace pour la France par aucune
autre ! Quand tu auras fait tout cela, nous apparaîtrons derrière toi et nous ferons le reste... » Oui , voilà l'esprit de ce
pacte tacite, conclu , à l'insu des parties contractantes, entre
les minorités de *renversement* et le *ministère d'agitation!*
Avais-je tort quand, pressentant tout cela d'avance , je vous
disais, il y a dix-huit mois : « Ce ministère , c'est la guerre ! »

Ce ministère , c'est la guerre ! la guerre demain si ce n'est
pas aujourd'hui. Vous l'avez vu, il n'a pas d'autre mot à la
bouche, d'autre option dans son manteau. La guerre pour
biffer notre propre signature dans le Luxembourg ; la guerre
pour l'intégrité de l'empire ottoman ; la guerre contre l'inté-

grité de l'empire ottoman ; la guerre impolitique , contradic-
toire , absurde , n'importe! mais la guerre. Et pourquoi ce
ministère est-il la guerre? Il n'en sait rien, mais je vais vous
le dire. C'est qu'un ministère d'opposition a besoin , par sa
nature, d'absorber les majorités dans la nécessité des circonstances et dans le mouvement du patriotisme alarmé. C'est
qu'à un ministère de minorité , il faut un coup d'état tôt ou
tard. La guerre, c'est le coup d'état perpétuel. Vous aurez
donc inévitablement la guerre avec lui. Je ne l'accuse pas de
la vouloir ; à Dieu ne plaise, je calomnierais sa volonté ! mais
il la fera. L'empire des situations est absolu tant qu'on y reste.
Le vaisseau ne veut pas l'écueil ; mais qu'il se livre au courant
et au vent, il y va !

Or, je dis qu'il n'y a aucun pouvoir constitué aujourd'hui
en France qui puisse arrêter ce ministère sur une question
de patriotisme et d'honneur national mal comprise par le
pays. Un ministre qui ne sort pas des majorités, un ministre
qui ne procède pas des prérogatives, un ministre qui, comme
Shaftsbury, M. Necker ou M. Roland, prend son point d'appui
sur la popularité au lieu de le prendre sur la Constitution,
un tel ministre n'est pas un ministre ; c'est un tribun au pouvoir. On ne destitue pas un tribun ; il s'engloutit dans l'élément même qu'il a soulevé. Il ne retombe que dans les périls
qu'il a suscités. Il n'est justiciable que de ses fautes et de l'opinion qu'il a captée. C'est donc à l'opinion seule qu'il faut s'a-
dresser. Elle règne, vous le voyez à ses tempêtes ! Si elle ne se
sauve pas elle-même, nul ne peut la sauver !

Considérez tout le chemin que nous a fait faire en six mois
ce ministère : le trouble des esprits , l'alarme des intérêts, la
stupeur des affaires, les spasmes de la Bourse, l'Europe qui
se retire et qui se compte vous le disent assez. Serait-ce déjà
là une des révélations de ce mot fameux qui étonna le pays et
qui fit si tristement réfléchir les hommes graves? — *Après
moi, gouvernera qui pourra!* — Ah ! une nation de trente millions d'hommes libres, qui s'appelle la France ; une nation qui
compte dans son sein tant d'hommes d'intelligence, de vertus,
de patriotisme, de courage ; une nation qui peut entendre de
sang-froid un pareil mot, mérite..... qu'on le lui dise. Mais

nous ne l'avons pas entendu de sang-froid, car nous savions ce qu'il contenait et ce qu'il dévoilait de désastres !

Conclusion : le ministère a posé la question d'Orient avec tant d'imprévoyance, qu'elle ne peut pas être acceptée ainsi par l'Europe.

Si le ministère recule, la politique de la France est déshonorée.

Si la France prend fait et cause pour les fautes du ministère, la guerre sans alliés est certaine tôt ou tard.

Il faut donc que le ministère se retire ou que la France se perde.

Cependant, après la retraite du ministère, la France ne se retrouvera pas, quant à la question orientale et européenne, dans la situation où elle était avant le 1er mars. Une alliance d'où son ministère l'a fait exclure s'est formée en dehors d'elle. Il faut qu'elle la rompe et qu'elle y rentre. Elle ne peut permettre qu'on traite sans elle de l'Orient ; mais pour qu'on puisse traiter avec elle, il faut qu'elle pose la question sur l'indépendance de la Syrie, garantie et protégée par la France. Là seulement est l'équilibre, là seulement est l'honneur, là seulement sera la paix. Et si la guerre en sortait une fois, nous aurions le choix de l'alliance anglaise, de l'alliance russe ou de l'alliance autrichienne ; c'est-à-dire que nous aurions une guerre régulière et limitée, au lieu d'une guerre révolutionnaire et sans terme.

Ce n'est pas le ministère du 1er mars qui peut changer ainsi le terrain d'une grande négociation, si mal dessiné par lui-même. Il nous a mal engagés. Il est entre la paix et nous. Il doit se retirer par patriotisme. C'est l'arrêt de sa situation, c'est la nécessité des affaires, c'est le cri des choses. Mais si ce ministère renferme des hommes d'une haute valeur, point d'ostracisme, même pour les fautes du talent ! Ne privez pas le pays des services, de l'ornement, de l'éclat qu'une grande intelligence peut lui rendre dans des circonstances rectifiées. Mettez-la en réserve. Il y a des jours où le feu échauffe, il y a des jours où le feu brûle.

Je m'attends à toutes les injures, à toutes les colères qui assaillent toujours tout homme qui déchire le voile où se cache une mauvaise situation. J'y suis aguerri; dans un temps où toutes les audaces ont été osées, il faut au moins que quelques uns aient aussi l'audace de la vérité. Si l'opinion bâillonnée ou captée persévère à s'égarer volontairement jusqu'à ce que le retour soit impossible, j'aurai du moins lavé mes mains des calamités de mon pays.

O peuple qui veut qu'on le défende et qui se ligue toujours avec ceux qui le passionnent contre ceux qui le servent! peuple à qui on ne plaît qu'en le trompant! peuple qui ne reconnaît la vérité que quand elle est passée, et les hommes que quand ils ne sont plus! tu dégoûterais de t'être fidèle si l'on pouvait se dégoûter d'aimer son pays et se décourager de le servir! Mais que le passé au moins t'instruise! jette les yeux à vingt-cinq ans de toi seulement, ouvre tes annales d'hier, souviens-toi que, depuis le commencement de ta grande rénovation de 1789, il y a toujours eu deux partis dans le sein même de ta révolution et au dehors : le parti réformateur et libéral et le parti agitateur et soldatesque, le parti qui a tout voulu par la liberté et pour la liberté, le parti qui a tout voulu par la guerre et pour la guerre, le parti qui a voulu les développements rationnels et pacifiques de la raison humaine et le parti qui a mis sur tes yeux le bandeau de la gloire pour te conduire au despotisme populaire, impérial ou ministériel, à son profit. Tous les amis vrais, tous les fanatiques sincères de la révolution libérale, depuis *Lafayette* jusqu'à *Fox*, ont été du parti de la paix. Tous les hommes insatiables de pouvoir, tous les exploitateurs de circonstances, tous les dupeurs du peuple, depuis *Danton* jusqu'à *Pitt*, ont été du parti de la guerre. C'est là le signe auquel on reconnaît partout tes amis de tes flatteurs. C'est toujours le même procès qui se plaidait en 1790 dans ton Assemblée Nationale. C'est cette même cause de la paix que ton plus grand génie politique défendait déjà alors contre ces vociférateurs de la guerre qui fouettaient le sang du peuple pour le faire bouillonner, tout comme aujourd'hui, quand il leur lançait cette phrase d'une si éternelle application qu'on la dirait prononcée d'hier : « Vous me citez Périclès poussant son pays à la guerre pour établir son ascendant sur le peuple? Périclès était un

homme qui, sachant flatter les passions populaires et se faire
applaudir à propos par ses largesses ou par celles de ses amis,
entraînait à la guerre du Péloponèse..... qui? l'assemblée nationale d'Athènes! »

Quelques jours plus tard, Mirabeau couchait sa puissante
tête sur l'oreiller, en disant : « J'emporte avec moi le deuil
de la monarchie! »

Puissent les hommes d'aujourd'hui, qui défendent l'ordre
social et les progrès du genre humain dans la paix, ne pas
dire bientôt à leur tour : Le parti de la guerre triomphe, et
nous emportons le deuil de la liberté !

II.

Écartons d'abord les dédains, les railleries, les injures. Cela
embarrasse les discussions. Le feu du vrai patriotisme consume
aisément tout cela. Heureux qui peut dire à une vérité quel-
conque : J'ai souffert dans ma chair ou dans mon esprit pour
toi ! Heureux qui peut dire à son pays, à la fin d'une carrière
politique même obscure : Si je ne fus pas un de tes sauveurs,
je fus du moins un de tes martyrs ; voilà les égratignures ou
les cicatrices que j'ai eu l'honneur de recevoir pour ta cause !
Quant à moi, je consens volontiers à ce que le ministère et
ceux qui le soutiennent me foulent aux pieds comme la pierre
du chemin, pourvu que cette pierre soit une pierre d'achoppe-
ment sur leur route, et fasse dévier le char où ils mènent
la France et l'Europe aux hasards et à la confusion !

Et cependant, je n'ai ni contre M. Thiers ni contre Méhémet-Ali l'animosité aveugle et inintelligente que leurs journaux me supposent. A l'égard de M. Thiers, on pourrait, avec
plus de fondement, m'accuser du contraire. Je déteste les
rhéteurs qui entravent l'activité vitale des peuples dans des
embarras de paroles. Les gouvernements de discussion ne

sont déjà que trop paresseux. Le monde se meurt d'oisiveté.
Les idées sont en avant de deux siècles, et rien ne suit.
J'aime ces caractères dont le ressort élastique agit et réagit
puissamment sur eux-mêmes et sur les autres dans une bonne
voie. M. Thiers va au pouvoir et le pouvoir lui va. Et pourquoi aurais-je de l'animosité contre lui? c'est un homme;
en avez-vous donc trop? Je ne hais de M. Thiers que sa fausse
et insurmontable situation. M. Thiers ministre de la Constitution n'aurait pas de juge plus impartial et souvent plus pré-
venu que moi. M. Thiers ministre de la popularité, et nous
perdant pour lui complaire, n'aura pas d'adversaire plus per-
sévérant. Qui ne voit qu'il s'agit ici du rôle et non pas de
l'homme?

Quant à Méhémet-Ali et à Ibrahim, j'ai appelé Ibrahim un
héros et je l'ai comparé à Alexandre. J'ai appelé Méhémet-
Ali un grand homme, et j'ai dit qu'il fallait protéger *en
Égypte* le germe de civilisation bien précaire, mais enfin le
germe qu'il y avait porté. Je le dis encore. Mais rêver de le
substituer à Mahomet ou à Othman; mais lui sacrifier les
peuples avancés, vigoureux, chrétiens de la Syrie; mais lui
livrer le sang de la France et la paix du monde, c'est là la
folie et c'est là le crime contre lesquels je ne cesserai de m'é-
lever.

Cela dit, supposons un moment que je sois un homme du
bon sens le plus vulgaire, et raisonnons.

J'avais dit à mon pays, dans mon premier article : Le ministère se trompe et vous trompe sur deux points.

Premièrement, il croit ou il veut vous faire croire que la
politique de la France est d'agrandir le pacha d'Égypte en lui
conquérant la Syrie, en créant pour lui un empire composé
de la moitié de l'empire ottoman, et le ministère prétend
concilier cette pensée irréfléchie avec l'équilibre du monde
et le maintien de la paix européenne. Je vous ai démontré
que c'était là un piége ou un rêve. J'achèverai la démonstra-
tion tout à l'heure.

Secondement, le ministère vous dit qu'il a été joué,
affronté, trahi en pleine paix, en pleine négociation, par
l'Angleterre et par les trois puissances; que le traité de

Londres, du 15 juillet dernier, a été tramé à son insu, comme une conjuration diplomatique ourdie dans l'ombre, en haine de la France, et que la France, mise en dehors de l'alliance européenne et offensée dans ses ministres et dans sa dignité de nation, doit prendre ses ministres sous sa responsabilité et venger en eux sa dignité qu'on insulte. Voilà bien le langage des organes avoués du ministère et du ministre lui-même depuis un mois. Voilà bien le sens de l'attitude irritée et armée que le ministère donne à la France.

Je vous ai dit, moi : Rien de tout cela n'est vrai ; attendez quelques jours ou quelques mois, et vous verrez par les *actes*, par les *pièces* et par les *dates*, percer la vérité vraie sur la négociation la plus téméraire dont les fastes diplomatiques puissent garder la mémoire. Vous verrez que l'Europe, dans cette affaire, n'a pas joué le moins du monde le rôle provocateur que vos ministres sont obligés de lui attribuer pour couvrir leur faute et pour ensevelir leur responsabilité dans votre colère ; vous verrez que, bien loin d'ourdir une conjuration contre la France et de lui cacher leur système de pacification en Orient, la Russie, l'Autriche, l'Angleterre n'ont pas cessé un jour de dire à la France : « Nous voulons traiter « avec vous, nous vous attendons pour traiter avec nous, nous « serions désolés de traiter sans vous, nous ne voulons traiter « que sur les bases posées par vous-mêmes, c'est-à-dire sur « l'intégrité réelle, sérieuse et garantie de l'empire ottoman. » Vous verrez que c'est le ministère du 1er mars qui a répondu : « Je ne veux pas traiter avec l'Europe sur cette question, « je ne veux pas entrer dans des conférences au sujet de l'O- « rient, j'accuse mes prédécesseurs d'y être entrés, je ne « veux pas que l'Europe se mêle de pacifier le sultan et son « pacha, je veux qu'on les laisse s'entendre entre eux comme « ils pourront, c'est-à-dire je veux qu'on laisse Méhémet-Ali « imposer la loi à son souverain et s'emparer héréditairement « de la moitié de ses états en menaçant le reste. »

Entre ces assertions du ministère et les miennes, il fallait prononcer. Pour prononcer, il fallait des preuves. Ces preuves, je savais qu'elles existaient, et je les attendais avec confiance des notes, des mémorandum et de toutes les pièces authentiques du procès diplomatique que chacune des puissances apporterait à l'heure où, prêt à commencer les hostilités, on s'explique devant les peuples et devant les parlements. Je n'ai pas eu besoin d'attendre si longtemps. Le *mémorandum du 15 juillet a paru avant l'heure.* C'est un premier éclair de vérité qui perce les nuages accumulés avec tant d'artifices, et qui foudroie d'avance ceux qui les avaient épaissis. Après une telle pièce, il n'y a plus à discuter.

Qu'en résulte-t-il? Que la France a été toujours sollicitée d'entrer en négociation avec les quatre puissances pour *pacifier* et non *pour voir partager* l'Orient ; que c'est le ministère du 1ᵉʳ mars qui a voulu et accompli l'*isolement de la France*, isolement dont il rejette l'affront et l'odieux sur d'autres !

Mais attendez. Forcé sur cette position qu'il avait prise pour intéresser l'opinion à sa cause, le ministère en prend une autre, et, abandonnant la question de formes et de procédés, il lève la visière et dit : Eh bien ! oui, ni la France ni moi nous n'avons été insultés ni trahis. Mais peu importe que j'aie dit ou non mon vrai mot aux puissances ; peu importe qu'elles aient ou non négocié convenablement et loyalement avec moi, mon vrai mot, je le dis maintenant : Je ne veux pas le *statu quo* que j'ai demandé. Je veux un empire *arabe, syrien et égyptien* pour Méhémet-Ali, allié et protégé de la France. J'appelle cela l'intégrité de l'empire ottoman, j'appelle cela l'équilibre européen, j'appelle cela l'intérêt de la France, j'appelle cela la paix en Orient. Suivons un moment le ministère sur ce nouveau terrain, et voyons comment il s'enfonce plus profondément encore sous ses pas.

D'abord un mot. Je confesse que j'ai un désavantage et un tort immense aux yeux des politiques de hasard. J'ai une pensée, une pensée qui domine et qui éclaire pour moi toute affaire. C'est un malheur. Cette pensée, la voici :

Dans toute question de haute ou de petite politique, je crois qu'un homme d'état digne de ce nom, c'est-à-dire un *guide de peuple*, un *coopérateur de la Providence*, doit se préoccuper de deux points de vue. Le point de vue du genre humain d'abord, et le point de vue national ensuite. Ou plutôt que son regard doit converger vers ces deux points de vue à la fois. J'ai la faiblesse de compter l'intérêt de l'humanité pour quelque chose. Je suis homme avant d'être Français, Anglais ou Russe, et s'il y avait opposition entre l'intérêt étroit de nationalisme et l'immense intérêt du genre humain, je dirais, comme Barnave : Périsse ma nation, pourvu que l'humanité triomphe! Mais c'est là un saint blasphème que l'homme d'état n'a heureusement jamais à prononcer. Le patriotisme vrai est toujours d'accord avec l'intérêt de l'humanité vrai. Tout ce qui est réellement utile au monde est profitable à chacune de ses parties.

Or, quel est l'intérêt de l'humanité dans la question d'Orient? Je le dis d'un mot. Je ne le prouve pas, je l'énonce. C'est que les restes sans vie de l'islamisme, qui embarrassent le terrain le plus productif d'hommes et de choses, soient non pas violemment, mais naturellement vivifiés par des populations plus actives, qui s'y fassent place sans l'étouffer. C'est que les Ottomans, réduits aujourd'hui à une population de trois à quatre millions de Turcs au plus, ne possèdent pas le vide sur soixante mille lieues carrées de terre et sur cent vingt mille lieues carrées de mer, C'est qu'ils laissent l'Occident se rejoindre à l'Orient comme dans les beaux jours du monde romain. C'est qu'ils laissent l'Europe tendre sa main, ses lois, ses arts, ses mœurs, ses industries, son commerce aux quinze ou vingt peuples nouveaux qui se montrent sur les débris de cet empire. C'est que la Méditerranée, le grand lac, non pas *français*, non pas *anglais*, mais *européen*, mais *international*, redevienne le théâtre et le véhicule d'une incalculable circulation de commerce et d'idées. C'est enfin, et en seconde ligne, que l'immense empire indien et la Chine, rapprochés de cinq mois de route par Suez et par la découverte de la vapeur, se renouent à l'Europe par l'Asie Mineure et par l'Afrique, et constituent ainsi la grande unité de l'univers politique, industriel, religieux.

Si cela est vrai, qu'y avait-il à faire en 1838? qu'y avait-il à désirer et à favoriser alors de concert avec l'Europe? C'est que l'empire ottoman, qui s'écroulait aux trois quarts, s'écroulât graduellement tout à fait; c'est que l'Europe, au lieu de lui dire : Is semblant de vivre et représente encore une barbarie légale quand tu n'es plus qu'une ombre, lui dît : Tu n'es plus, tu n'es plus du moins assez grand pour tenir tant d'espace et écraser tant de races humaines ; nous ne voulons pas t'achever, mais nous ne sommes pas chargés de te ressusciter. N'occupe plus désormais que ta vraie place. Meurs en paix, ou tâche de revivre en te modifiant, en te renouvelant dans la sève commune. Et vous, populations neuves, de la Méditerranée et des îles, Valaques, Moldaves, Serviens, Bulgares, Grecs, Arabes, Maronites, Arméniens, Chrétiens, Israélites, levez-vous ! nous allons vous aider, vous grouper, vous patroner sous la garantie de l'Europe. La Turquie presque entière va devenir, sous un protectorat politique de l'Europe, ce que sont la Valachie et la Moldavie, ce qu'est la Grèce continentale elle-même sous le protectorat de la Russie, de l'Angleterre et de la France. C'est le gouvernement de Rome sur les Barbares. C'est le gouvernement naturel et nécessaire de tous les empires épuisés qui se démembrent, et de tous les peuples mineurs qui se constituent. C'est la transition providentielle entre rien et quelque chose.

Dans ce système, j'ai démontré vingt fois que ce n'était ni en Grèce, ni à Constantinople, ni en Égypte que la France, nation la moins intéressée, était appelée à prendre sa part à ce système ; mais que c'était en Syrie et au centre de l'Asie-Mineure.

Je n'ai pas place ici pour entrer dans les considérations larges qui démontrent que ce n'eût été ni la *guerre* ni une position insignifiante comme on le dit.

Une intervention loyale au profit de l'intégrité de l'empire n'eût pas plus été la guerre que l'intervention des Russes à Constantinople en 1833 n'a été la guerre, pas plus que votre intervention à Ancône ou à Anvers n'a été la guerre. C'est une intervention, un fait acquis sur lequel on traite, et voilà tout.

Et quant à une autre position en Orient à prendre par la France, dépliez la carte. Il y en a quatre : la Grèce, Constantinople, la Syrie et l'Égypte. La Grèce ? Qu'en feriez-vous ? placés entre l'Autriche, appui géographique et naturel des populations adriatiques et serviennes. vous paralyseriez l'Autriche sans peser comme elle sur la Russie par le Danube.

Constantinople? Mais la mer Noire étant russe, et l'Autriche et l'Angleterre vous pressant par la Turquie d'Europe et par la mer, vous y seriez prisonniers. Ce serait un glorieux cachot.

L'Égypte? plus impossible encore. Je l'ai dit, et vous en convenez tous vous-mêmes, l'Angleterre fera brûler sa dernière voile avant de permettre que la puissance française lui ferme directement ou indirectement Suez. N'en avez-vous pas la preuve? Vous n'avez fait que prononcer le nom d'un empire *syrio-égyptien*, patroné par la France, et déjà l'alliance anglaise se déchire, les coalitions se reforment, le monde est ébranlé, la France court aux armes.

En d'autres termes, la Grèce est un non-sens pour qui ne possède pas l'Italie ; Constantinople est un non-sens pour qui n'a pas la mer Noire ; l'Égypte est un non-sens pour qui n'a pas la mer Rouge ni les Indes,

Or, je m'adresse à tout ce qui raisonne, et je dis : Puisqu'il est géographiquement et politiquement démontré que des quatre positions que nous pouvions prendre en Orient trois sont radicalement impossibles ; puisque tout est mensonge ailleurs, où était donc la vérité en 1838? Elle était où je l'ai placée, dans le centre de l'Asie-Mineure, position d'équilibre s'il en fut jamais.

Mais nous sommes bien loin de là aujourd'hui. Marchons sur les faits actuels.

La chambre, au mois de juillet 1839, adopta un système qui menait à de moins grandes choses ; elle adopta franchement le système du *statu quo* ou de l'intégrité de l'empire ottoman. J'y adhérai moi-même. A défaut de grandeur, c'était au moins de la raison et de la loyauté ; c'était un système sans gloire et sans avenir, mais sans honte et sans danger. Des hommes d'état pouvaient le signer honorablement avec l'Europe, car c'était la France qui le demandait et l'Europe qui l'accordait ; c'était une route facile et droite, toute tracée à des négociateurs de bonne foi. La France et l'Europe disaient par là à l'empire des sultans : Nous vous prenons sous notre garantie collective, vous entrez dans la famille des puissances légitimes, nous reconnaissons notre faute de 1826, nous nous repentons de *Navarin*, ce coup de canon de la fatalité que personne n'a tiré, et qui est parti tout seul pour anéantir votre flotte et dépecer la Turquie.

Voilà quel était le sens vrai du *statu quo* voulu et proclamé par la chambre ; c'était la légitimité ottomane et la paix. Mais un ministère nouveau est venu, qui s'est permis d'interpréter tout autrement la décision de la chambre, qui est allé chercher de la faveur populaire et des difficultés inextricables en Égypte, et qui a dit : Mes prédécesseurs étaient des hommes timides qui se contentaient de l'égalité et de la paix avec les puissances. Je m'en vais faire un tour de force diplomatique qui les repoussera dans l'ombre et qui fera de moi, à l'aide de quelques démonstrations belliqueuses, l'arbitre unique de l'Orient et l'escamoteur de la moitié d'un empire. Regardez-moi bien ! je vais faire accorder la Syrie jusqu'au Taurus en souveraineté héréditaire au pacha d'Égypte, je vais en faire un sultan au petit pied, sous la suzeraineté du 1er mars. L'Angleterre va bien trembler derrière sa mer Rouge ! La Russie va bien trembler derrière Constantinople ! Le tour de force a été tenté, et il a fini par ce que vous voyez, par le plus cruel faux pas que la diplomatie française ait jamais fait devant l'Europe !....

Je dis le plus cruel faux pas que jamais la diplomatie française ait fait devant l'Europe, et je le prouve. En effet, daignez examiner le dilemme que je pose devant le ministère.

Ce dilemme, le voici : au point où le ministère a mené les choses, ou il fera la guerre ou il fera la paix.

Si le ministère fait la guerre pour constituer l'empire annexe *syrio-égyptien*, c'est la guerre sans alliés, c'est la guerre sur mer et sur terre, c'est la guerre de coalition, c'est la guerre de propagande et de principe, c'est la révolution galvanisée au dedans pour montrer son spectre au dehors ; par conséquent, une crise de vie ou de mort pour le monde entier. Pourquoi ? pour une impossibilité en Orient !

Si le ministère fait la paix, c'est-à-dire si l'Europe, plus sage que lui, tout en lui refusant la Syrie héréditaire et son empire arabe, consent à lui laisser pour quelques jours je ne

sais quel prétexte de satisfaction pour sauver tant bien que
mal son honneur, arrêtez-vous et considérez quelle paix sera
cette paix. Sera-ce la paix de 1830? Sera-ce la paix qui suivit
le partage de la Belgique? Sera-ce la paix dont M. de Talleyrand signa le gage dans la quadruple alliance? Sera-ce la paix
de 1838? Sera-ce la paix du *statu quo* oriental, s'il eût été
tout de suite et loyalement accompli par un ministère sans
arrière-pensée? Rien de tout cela.

L'Europe était hésitante et désarmée; elle s'entend et elle
s'organise. La quadruple alliance, dont l'alliance anglaise était
la base, est désormais déchirée. Vous avez démasqué contre
l'Angleterre un dessein étourdi et impuissant dont ni wighs ni
tories ne vous amnistieront jamais : le dessein de fonder un
empire non plus musulman, mais arabe, qui coupe en deux
la politique de l'Angleterre et son commerce. Elle sait bien
que c'est impossible; mais l'impossible même, quand c'est
une menace, provoque et irrite l'animosité d'une nation pré-
voyante. Vous avez contraint l'Autriche, par votre politique
comminatoire, et en montrant hors de propos l'ongle du lion
révolutionnaire prêt à s'ouvrir sur l'Italie, vous avez contraint
l'Autriche à oublier, pour un demi-siècle peut-être, ses intérêts anti-russes sur le Danube, et à se serrer de nouveau contre
l'Angleterre, la Prusse, et contre la Russie même, dût-elle
être froissée par le contact du colosse. Enfin vous avez accompli, par votre fausse situation sur l'Égypte, l'œuvre anti-
française que ni les premières terreurs de la révolution de
Juillet, ni la révolution belge, ni la révolution italienne, ni la
question espagnole, ni la question d'Ancône, ni la question du
Luxembourg, n'avaient pu accomplir contre nous : une quadruple alliance entre les quatre grandes puissances constitutionnelles ou anti-constitutionnelles en dehors de vous. Un
terrain commum leur manquait; vous le leur avez obligeam-
ment fourni pour s'y entendre, s'y voir, s'y combiner et y
rallier au besoin toutes les rivalités secrètes et toutes les haines
sourdes qui fermentent dans le monde contre nous. Oh! que
la Prusse et l'Autriche et la Russie vous doivent d'éternelles
reconnaissances, et que le jour de votre avénement sera un
beau jour dans les annales de leur diplomatie à longue vue! Ce

que dix ans d'ébranlement du monde n'avaient pu leur donner,
vous le leur avez donné en trois mois de jactances : le lien
qui leur manquait à toutes, le nœud qui devait les relier en
un seul système contre vous, l'appui et l'indissoluble amitié de
l'Angleterre. Ce n'est rien encore : pour que cette paix fût
plus menteuse, plus ombrageuse, plus semblable à la guerre,
vous avez constitué ou vous allez constituer cette paix armée
ou cet armistice du monde sur une prétention d'empire *syrio-
égyptien* qui sera sans cesse en question, sans cesse en con-
vulsion, sans cesse en feu, et qui, menaçant à la fois tous les
jours le sultan, la Russie et l'Angleterre, ne laissera pas une
heure de sécurité à vos intérêts pacifiques. Il ne se tirera pas
un coup de fusil en Syrie, dans le Liban, à Damas, en Arabie ;
il ne tombera pas une pierre de cette vieille ruine ottomane
ou de cette ruine recrépie de l'Égypte, que la France n'en
soit ébranlée jusque dans ses fondements ! Et vous appelez
cela une paix ? Quelle paix ! Jamais le monde n'en eut une
pareille. Ce ne sera pas la guerre, mais ce sera une paix qui
sera toujours la veille de la guerre. Lequel vaut le mieux ? La
France vous le dira dans dix ans.

Ministres du 1ᵉʳ mars, hésitez enfin vous-mêmes ou devant
une pareille guerre ou devant une pareille paix ! Laissez-nous
voir devant nous si nous ne découvrirons pas quelque route
qui nous ramène au point où vous avez reçu les affaires !

Une autre route ? Eh ! mon dieu, elle était toute dessinée
par le *statu quo*. Nous n'avions qu'à signer ce que nous avions
écrit nous-mêmes : l'intégrité de l'empire et Méhémet consigné en Égypte. Tout était dit.

Mais je ne veux rien dissimuler, ni à mon pays, ni à moi-
même. La signature pure et simple du *statu quo*, qui était
possible et honorable avant votre avénement aux affaires,
l'est-elle encore aujourd'hui ? Je ne sais. Vous avez compromis,
en l'aventurant, la parole de la France par vos *ultimatum* et
vos refus de négociation. L'Europe menacée a signé une quadruple alliance suspendue désormais comme une arme dans le
fourreau, mais comme une arme sur notre tête. La France
est seule, comme vous avez *voulu* qu'elle fût. Vous avez
déclaré pendant cinq semaines au monde et à elle qu'elle avait

été jouée, affrontée, trahie; je sais bien qu'il n'en est rien, mais vous êtes son gouvernement et vous l'avez dit. Vous avez réveillé ce qui ne dort jamais en elle, les saintes susceptibilités de l'honneur national; vous avez inquiété et surexcité son patriotisme; vous lui avez montré ses armes, et quand elle les voit, elle ne voit plus rien. Les cendres de Napoléon vont arriver toutes chaudes, et semer partout sur leur route ces miasmes de gloire si contagieux pour le sang français. Vous êtes entrés au pouvoir d'assaut, vous y avez entraîné avec vous, par la brèche, une partie de cette presse de toutes les oppositions, qui vous avait aidés à l'escalader; vous êtes l'opposition dans le gouvernement, l'ennemi dans la place; vous possédez presque tous les organes de la parole périodique, les uns parce qu'ils ont été vos complices, les autres parce que vous êtes le pouvoir; vous donnez à la fois, du haut d'une position ministérielle unique, un mot d'ordre aux factions de l'opinion, mot d'ordre que les organes du gouvernement servent à porter et que vos ennemis eux-mêmes ont la faiblesse de répéter au pays. Il n'y a pas une mauvaise pensée qui n'espère secrètement dans vos fautes, pas une timidité qui ne vous serve. Vous êtes très-forts pour troubler la France, impuissants pour la mener ailleurs qu'à sa perte. C'est pourquoi les hommes d'ordre et de paix redoutent tous d'aborder après vous un pouvoir dont vous avez fait en six mois un trône de difficultés! Le chef-d'œuvre de l'esprit de vertige en matière de gouvernement, c'est d'avoir poussé les fautes jusqu'à ce point où elles deviennent irréparables à nos successeurs!

Ce chef-d'œuvre, je tremble que vous ne l'ayez accompli!

Oui, on appréhende de vous succéder, et cependant il faut qu'on vous succède. Il le faut, car vous avez conduit la France à deux extrémités également inacceptables : la guerre universelle si vous persistez, l'humiliation si vous reculez. Car la paix digne, la paix le front levé, la paix loyale, vous êtes les seuls désormais qui ne puissiez pas la faire. Une paix faite par le ministère qui a prononcé le premier le mot guerre; une paix faite par le ministère qui a évoqué comme arme extrême le mot révolution; des conférences réacceptées, que dis-je! proposées peut-être avec les puissances liguées et armées, par

un ministre qui a refusé les conférences avec l'Europe bien-
veillante et amie ; un congrès rouvert à Vienne par le ministère qui n'a pas voulu de congrès à Londres, un accommo-
dement où vous reculeriez de tout un empire dans le Levant
et de toute une manifestation nationale en France ; une
pareille négociation pourrait faire momentanément poser les
armes à tout le monde, sans doute, et substituer à la guerre
ouverte une guerre sourde et chronique ; mais la France,
pacifique elle-même, n'en voudrait pas à ce prix, car cet état
s'appellerait paix pour le monde et honte pour notre pays. Il
y aurait là un tel démenti donné à la France par son gouvernement, il y aurait là un tel oubli de vous-mêmes et de la
dignité nationale, que je rougirais d'en soupçonner même des
ennemis. Il faut la paix au monde ; mais vous êtes entre le
monde et la paix !

En résumé :

Le ministère du 1ᵉʳ mars a reçu la question d'Orient sur les
bases du *statu quo*, et marchant à une solution pacifique. Il a
adopté des bases nouvelles en contradiction avec le vœu formel
de la Chambre, et avec toute possibilité de paix honorable en
Europe.

Il a trouvé des négociations pendantes et des conférences
ouvertes à Londres ; il s'est retiré des conférences et a décliné
les négociations pendantes. Au lieu du *statu quo* et de l'intégrité de l'empire, il a manifesté la volonté formelle de donner
la Syrie au pacha, et de constituer un second empire ottoman
à la place de l'empire reconnu par nous et par les puissances.

Par suite de cette saccade diplomatique, il a brisé ou violemment relâché l'alliance anglaise, notre seule alliance.

Il a fait conclure à Londres un traité entre les quatre puissances, base d'une coalition permanente ou éventuelle contre
la France.

Il a rejeté la France dans l'*isolement* d'où le chef-d'œuvre
de la diplomatie décennale de M. de Talleyrand avait été de
la faire sortir.

Il a, par cet *isolement*, aigri le patriotisme et remué les
cendres du volcan de 1792. Une nation isolée est nécessairement une nation ombrageuse et armée.

Il a livré l'Asie centrale à l'action unique et désormais combinée de la Russie et de l'Angleterre, que notre politique naturelle était de désunir et d'équilibrer.

Il a négocié à coups de millions et de levées d'hommes, au lieu de négocier avec les notes et la parole de la France.

Il a dépensé 70 millions en armements peut-être inutiles.

Il a enlevé cent vingt mille ouvriers à l'agriculture, à l'industrie, aux familles.

Il a suspendu indéfiniment pour plus de quatre cents millions d'affaires.

Il a fait solder à la Bourse, par les oscillations désordonnées du crédit, pour plus de cinquante millions de différences.

Enfin, il a abouti à une guerre sans alliés, sans cause et sans fin ;

Ou à un traité de *tous* contre *un*, c'est-à-dire à un armistice de l'Europe placée ainsi par lui sur un qui vive éternel envers la France.

Voilà littéralement la négociation de Londres et la négociation de Vienne (s'il y a une négociation à Vienne). Voilà la négociation du 1er mars, TELLE QUE L'HISTOIRE L'ÉCRIRA.

Et elle écrira en bas, pour unique vengeance, les noms de ceux qui l'ont dirigée.

Et elle écrira plus bas, pour l'instruction des peuples : Voilà ce qu'ont coûté à la France et au monde six mois d'un ministère imposé par l'enrôlement des minorités, et soutenu par la dictature du journalisme !

Et elle écrira encore, pour leçon tardive aux hommes d'état, ce mot qui résume à lui seul toute cette situation et toute cette négociation : Popularité aux affaires !

J'ai dit, non pas toute ma pensée, mais une partie de ma pensée sur la négociation et sur le ministère. Je m'arrête.

Je sais que les organes du ministère m'accusent de la dire trop haut, et voudraient qu'aucune voix importune ne troublât le silence des oppositions et le mystère diplomatique qui s'accomplit. Ils inculpent mon patriotisme. Du patriotisme en dehors des vrais intérêts de la patrie ? du patriotisme qui donne à un ministère le temps de l'engager et de la compromettre ?

je ne le connais pas. Je connais bien ce *patriotisme éventé*, qui consiste à faire gronder des mots sonores dans des phrases vides, à jouer avec ce sentiment sacré, dernière raison des nations, qui les sauve encore quand tout est perdu, à galvaniser et à comprimer périodiquement, trois fois par semaine, ces saints bouillonnements de l'esprit public, selon qu'on a besoin de colère pour menacer ou d'apathie pour endormir. Cette tactique coupable des publicistes d'un cabinet qui profane ce qu'il y a de plus sérieux au monde, non seulement je ne la sanctionne pas, mais je l'accuse. Ménagez, respectez cette fibre irritable et toute puissante d'une nation ! Le patriotisme d'un grand peuple, c'est quelque chose à quoi il ne faut pas toucher légèrement, ni tous les jours. Combien de fois, depuis six semaines, ces *marseillaises* avant l'heure n'ont-elles pas fait venir sur mes lèvres ce mot célèbre de Charles Ier au curieux téméraire qui examinait de trop près le tranchant du glaive sous lequel sa tête allait tomber : « Ne touchez pas à la hache, Monsieur, vous pourriez l'ébrécher ! »

Je démontrerai, dans un prochain article, qu'en donnant la Syrie à Méhémet-Ali, la France livre l'Asie entière à la Russie et à l'Angleterre, et combat pour se déshériter elle-même de toute action et de toute possession dans ce continent ouvert par la Providence à la légitime ambition de l'Occident.

———

III (1).

La France est-elle un pays où l'esprit public soit assez avili pour qu'on puisse tout oser impunément devant elle ?

Ou bien la France est-elle un pays dont les institutions re-

---

(1) Encore une fois, rien de ceci ne s'adresse aux personnes. Je respecte les hommes, j'attaque les ministres. Je parle sans haine, mais avec la liberté d'un bon citoyen qui voit perdre son pays.

présentatives sont assez perverties pour que son gouvernement puisse traiter d'elle, chez elle et sans elle?

Voilà la question que s'adressent tous les matins, en s'abordant, les citoyens humiliés ou effrayés, qui n'ont pas encore courbé la tête sous l'audace de la dictature et sous le découragement du patriotisme.

Depuis deux mois, le ministère, et quel ministère ! un ministère bigarré, issu de quatre oppositions différentes, un ministère qui n'est sûr ni de sa majorité ni de sa propre pensée, un ministère qui n'a mandat que de lui-même, un ministère qui est obligé de se palper tous les matins et de se demander : « Qui est-ce que je vais représenter aujourd'hui? Sera-ce la popularité ou la couronne, le compte-rendu ou les lois de septembre? le souvenir napoléonien ou la liberté de Juillet? la gauche que je flatte, le centre gauche que j'endors, ou les conservateurs que j'amuse? » depuis deux mois, dis-je, un pareil ministère tient la France comme asphyxiée sous la menace du plus rude choc qui ait jamais disloqué l'Europe. Le monde se range en bataille; à peine sait-on pourquoi ! Les affaires sont si désespérées et ont tellement échappé des mains des hommes d'état qui devraient les conduire, que notre ambassadeur à Londres jette lui-même le cri de détresse et confesse tout haut *que tout est désormais à la merci des incidents et des subalternes !* Cela veut dire en bon français que le sort du monde est au hasard. Enfin le ministère fait des levées d'hommes, ordonnance des centaines de millions de crédits extraordinaires et nous fait pressentir un nouvel ordonnancement de deux à trois cents millions au moins pour cerner Paris. Le crédit public est tombé au-dessous des jours de tempête, c'est-à-dire plus bas qu'une révolution ne le fit descendre en Juillet. Il n'y a plus de budget; il est, comme le reste, en dictature. Ce dernier homme et ce dernier écu, ce n'est plus la France qui les donne librement, volontairement, glorieusement, pour son salut ou pour son honneur; c'est un homme qui les prend, un homme tout seul, un homme qui n'a, lui, ni trône, ni dynastie, ni hérédité à perdre, mais qui signe hardiment à son réveil ses rêves belliqueux de la nuit ! Le peuple paiera. Le budget, c'est moi ! La presse applaudit, le parlement est consigné à la porte ; et afin que rien ne manque à la dérision, cela s'appelle l'omnipotence parlementaire !...

Ce n'est rien : le ministère tient dans sa main la paix ou la guerre, c'est-à-dire le sang de quelques millions de Français ; il ne daigne pas l'ouvrir aux regards du pays légal. Le ministère est au pied du télégraphe. Il peut, d'un signe, allumer le monde par un coup de canon mal tiré en Orient. C'est notre sort à tous qu'on joue dans ce cabinet. Le ministère n'a qu'à étendre le bras. La France entière voit cet homme, regarde, se tait, et ne lui saisit pas le bras pour voir au moins ce qu'il a dans la main !

Mais la France est donc un pays plus muet que la Turquie, plus garrotté que la Pologne ? — Non, la France est un pays libre et représentatif ; elle règne et gouverne, *comme vous voyez !* Elle a une chambre, deux chambres, des électeurs, une presse politique, et elle se tait ! — Mais la France joue donc une grande comédie avec elle-même ? elle se moque donc de ses institutions ? — Non encore ! — Mais alors son gouvernement se moque donc d'elle et de ses institutions ?— Peut-être ! et si vous ne pouvez pas le croire, c'est que le vrai passe quelquefois le vraisemblable, et que l'indignation des hommes de cœur ne peut pas s'élever à la hauteur d'une telle audace, ou descendre à la profondeur d'une telle mystification ! La France apprend à ses dépens qu'il y a une dictature plus hardie et plus lourde que celle de la royauté ou des chambres ; c'est la dictature de ses passions. Une passion personnifiée, c'est un tyran dont on a honte, mais c'est un tyran.

Regardez ! on ne vous déguise rien ; on dit tout haut aux chambres : « Restez chez vous, vous me gêneriez ! Vous vien-« drez quand tout sera décidé et irréparable ; quand le sang « aura déjà coulé peut-être ; quand j'aurai porté à six cent « mille hommes une armée impatiente de gloire ; quand j'au-« rai soulevé, au nom du péril public, les gardes nationales « mobilisées ; quand un million sera déjà ordonnancé ou pro-« mis à toute cette partie de la nation qui a soif de curées et « de gaspillages ; quand enfin vous prononcerez vos paroles

« de raison et de paix en face d'une armée rangée en bataille
« et d'une nation ameutée par ses alarmes, et dans ces mo-
« ments terribles où tout conseil sage est réputé trahison par
« le peuple ! Voilà la liberté que je vous fais ; voilà la tribune
« que je vous prépare et les applaudissements que je vous
« promets !... »

Si nous étions monarchie, la nation appartiendrait au mo-
narque. En jouant son trône, il jouerait l'avenir de sa
famille ; en perdant son trône, il perdrait son patrimoine
d'hommes et le patrimoine de ses enfants. Il y aurait là
quelques gages, quelques garanties. Mais ces hommes dont
le patrimoine est de la gloire, et qui ont la fortune d'un nom
à faire, où est leur responsabilité ? Quelqu'un vous l'a dit
récemment, dans un mot qui est une révélation : ils ont à
gagner *une ligne et demie pour leur nom dans une histoire universelle !* Une ligne et demie ? Cela vous paraît bien modeste ;
eh bien ! c'est avec cette petite ambition qu'on perd son pays
et qu'on bouleverse l'Europe !

Si nous étions république, la convention nationale serait en
permanence. Les conseils, composés de tous les hommes qui
dominent l'assemblée et qui expriment ou les opinions ou les
passions des masses, seraient réunis nuit et jour ; les comités
diplomatique et militaire communiqueraient toutes les heures
les renseignements, les propositions, les notes des gouvernements qui négocient ; les généraux seraient appelés et diraient
le nombre et l'esprit des troupes ; les conseils prendraient des
résolutions en conséquence. Ces résolutions seraient appor-
tées au grand jour de la tribune, et discutées en face du pays.
Le pays saurait ce qu'il veut ou ce qu'il ne veut pas. Il éten-
drait sa main toute puissante sur les affaires, et écarterait
violemment ceux qui les lui cachent. Si la nation faisait une
folie, ce serait une folie nationale ; si elle faisait un crime, ce
serait un crime à elle. Aujourd'hui, la folie ou le crime d'un
seul homme sera la folie ou le crime de la nation. Voilà la
différence ! C'est le gouvernement ravalé à la proportion d'un
individu, c'est le pouvoir absolu moins le Roi, c'est le pouvoir populaire moins le peuple. Cela n'a de nom dans aucune
langue politique !

La Constitution de 1790, assez monarchique comme chacun sait, portait, article VII :

« Dans le cas d'une guerre imminente, le corps législatif « prolongera sa session dans ses vacances accoutumées, et « pourra être sans vacances durant la guerre. »

Ce fut le 16 mai 1790 que s'ouvrit, dans l'Assemblée Constituante, la plus longue et la plus patriotique discussion dont les annales d'aucun peuple aient gardé la mémoire. Tous les grands génies, tous les grands caractères, toutes les grandes passions, tous les grands vices de la France semblaient avoir été groupés à plaisir par la destinée, pour donner, sur cette avant-scène de la révolution française, le plus grand drame de raisonnements, d'éloquence et d'action dont la nation pût s'honorer à sa renaissance. Maury, Mirabeau, Cazalès, Robespierre, Lameth, Duport, Dupont, Malhouet et tant d'autres se renversèrent pendant neuf jours de la tribune. L'Europe entière était attentive, et elle écoute encore ces magnifiques discours aussi impérissables par le talent que la question est impérissable par son intérêt. De quoi s'agissait-il ? de savoir à qui, de la nation ou du Roi, appartiendrait le droit de faire la paix ou la guerre. Mirabeau, incorruptible par l'esprit, mais corruptible par ses passions, avait vendu la veille son génie à la cour, et le livrait ce jour-là. Il parla comme vous agissez. Il préféra je ne sais quelle sagesse occulte des cours et des cabinets, complotant dans l'ombre et engageant les peuples à leur insu, à cette diplomatie des grandes nations, parlant tout haut à leur tribune et s'expliquant au grand jour, en face d'elles-mêmes. Les chancelleries l'applaudirent, l'humanité le siffla ! Barnave, qui commençait à dédaigner le rôle facile de tribun pour le difficile métier d'homme d'état, parla en défenseur des droits du genre humain et fit triompher avec lui le droit du peuple. Il démontra que livrer à nos ministres le droit d'engager la nation dans une guerre même partielle, c'était déshériter la nation de son premier droit sur elle-même. Il cita des milliers d'exemples de peuples dont le sang avait été ainsi prodigué par leurs ministres ; l'Angleterre, entre autres, malgré lord North, obligée, pendant sept ans, de verser ses subsides à une guerre commencée par la couronne

-et que la nation détestait. « Je vous demande, s'écria-t-il, si,
« lorsque la guerre sera commencée, il nous sera possible de
« déclarer en temps utile qu'elle ne sera pas continuée? Sou-
« venez-vous, ajouta-t-il, que les gouvernements sont presque
« toujours pour la guerre et les nations pour la paix! Sachez
« qu'il est de l'intérêt d'un ministre qu'on déclare la guerre,
« parce qu'alors on est forcé de lui attribuer le maniement
« des subsides immenses dont on a besoin ; parce qu'alors son
« autorité est augmentée sans mesure. Il crée des commis-
« saires, il nomme à une multitude d'emplois....., il conduit
« habilement la nation à préférer la gloire des conquêtes à la
« liberté, il change le caractère du peuple et le dispose à l'es-
« clavage !..... L'expérience de tous les peuples a prouvé que
« le meilleur moyen que puisse prendre un ministre habile
« pour ensevelir ses fautes est de se les faire pardonner par
« des triomphes !....... Quand on ne peut plus rendre ses
« comptes, on met le feu à la Grèce..... et voilà la responsa-
« bilité ! »

A la suite de ce mémorable débat, on vota à l'unanimité
l'article premier; le voici : « Le droit de paix et de guerre
« appartient à la nation. La guerre ne pourra être décidée que
« par l'assemblée nationale. »

Voilà où étaient nos pères, il y a un demi-siècle. Où en
êtes-vous aujourd'hui? Vous le voyez. Vous en êtes, vous
nation libre, nation démocratique, nation de 89 et de 1830,
vous en êtes à ouvrir anxieusement tous les matins votre
journal pour savoir s'il a convenu ou non à un conciliabule de
sept hommes, enfermés dans leur cabinet à Paris, de lâcher
la guerre sur le monde et d'engager vous, vos fortunes, vos
enfants, votre sol, vos générations nées et à naître, dans une
lutte dont ils sont les arbitres et dont vous êtes les victimes!
En face d'un tel scandale impuni, appelez-vous encore une
nation représentative, un peuple souverain; il y a derrière la
toile un mauvais génie qui en rit et l'histoire qui en a pitié !

Les journaux disent: C'est sage ; nous craignons la tribune.
La tribune, dites-vous, est-elle plus bruyante que la presse?
et cette presse, demandez-vous qu'on la fasse taire? Sachez
que, depuis 1830, c'est toujours la presse agitatrice qui a

compromis le pays ; c'est toujours la tribune qui l'a sauvé.
La tribune est responsable, la presse ne l'est pas ; voilà pourquoi. Si vous craignez la tribune, c'est que vous craignez la
raison responsable du pays, et que vous aimez mieux avoir
affaire à ses passions ! On en a meilleur marché.

Ceux qui ont cru devoir donner du temps au ministère, et
qui n'en ont donné qu'à la décomposition et au trouble,
ouvrent-ils enfin les yeux ? Les hommes du libéralisme pratique, les amis de M. Barrot, sont-ils enfin à bout de patience ?
Nous l'espérons.

Les députés, consignés ainsi, pourraient enfin dire aux
ministres :

De deux choses l'une : ou vous nous craignez, ou vous nous
méprisez.

Si vous nous craignez, c'est qu'il s'ourdit quelque part une
de ces grandes trames diplomatiques où l'on prend les peuples
par leurs passions et les chambres par surprise !

Si vous nous méprisez, c'est que nous serions tombés, en
six mois, de déchéance en déchéance, assez bas pour subir le
mépris de ceux qui doivent nous craindre !

Ainsi, ou vous êtes des despotes, ou nous sommes des
lâches ; il n'y a pas de milieu !

Si nous en sommes là, hommes plus audacieux que forts,
hommes plus entreprenants qu'habiles, vous avez bien peu le
tact du peuple dont le nom est sans cesse dans votre bouche ;
car le peuple veut être honoré même par ceux qui l'asser-
vissent, et l'absence de ses représentants dans un moment
pareil déshonore à la fois les représentants et la nation ! — Ah !
vous faites bien de ceindre Paris d'une ceinture de bronze,
comme ces villes du moyen-âge, repaires de tyrannies, et
qui s'ensevelissaient deux fois par siècle sous leurs cendres !
Vous faites bien de rapetisser vos frontières et de les presser
antour de vous, au lieu de les éloigner comme Louis XIV et
Vauban, quand ils voulurent agrandir la France ! Vous faites
bien de murer le patriotisme et de caserner la liberté ! Vous
faites bien de fortifier votre dictature, car la France libre ne
supporterait pas longtemps le gouvernement du mépris !

IV.

On me dit : Pourquoi mêlez-vous vos propres idées à la trop juste critique que vous faites de la négociation du ministère ? Contre le ministère, tout ce qui n'est pas lui ou les siens vous donne raison ; mais en présentant vos idées vous-même, vous appelez la critique contre vous. Bornez-vous à attaquer le ministère. — Je réponds : Que m'importent les critiques contre mes idées ! Ce qui m'importe, c'est la vérité. Je ne parle pas pour parler, je parle pour convaincre. Je ne fais pas de l'opposition pour l'opposition, j'en fais pour mon pays. Je n'aime pas l'opposition ; quand elle n'est pas indispensable, elle est détestable. Les hommes d'opposition sont des embarras éloquents, mais ce sont des embarras. Les hommes d'idée et d'action sont des moyens. Il y a assez d'embarras dans ce monde, je n'aspire pas à ce triste rôle. Gêner son gouvernement, entraver les choses, obstruer le chemin, c'est le métier des chefs d'opposition, c'est la puissance de l'impuissance. Montrer la voie, découvrir l'idée, dégager la route, conseiller son gouvernement, aider son pays, c'est la mission de ceux qui ont une force et un parti. Je n'ai ni l'un ni l'autre ; mais si Dieu m'en avait donné, je les emploierais à cet usage. Laissons donc le ministère et parlons des systèmes. Il y en a trois : le mien, celui de la chambre, celui du ministère. Je vais les exposer en peu de mots tous les trois, je vais les établir parallèlement, je vais les confronter en face les uns des autres, et, semblable au sculpteur qui veut montrer des statues sous tous leurs jours, je vais les isoler, les faire tourner sur leur base, et faire circuler l'air, la lumière et le regard autour de chacune de ces trois idées. Cela fait, je ne dirai plus rien, et la conscience publique prononcera.

SYSTÈME DU PROTECTORAT EUROPÉEN.

L'empire ottoman s'écroule. Il est insensé de songer à le ressusciter, car la population turque est tarie. Elle est réduite à quatre millions d'Ottomans dans un empire de quarante millions d'âmes. Les populations slaves, grecques, arméniennes, arabes, israélites, chrétiennes, catholiques de l'empire ottoman, se détachent de toutes parts en emportant de grands lambeaux du territoire. Les Tartares, force vierge, qui rajeunissaient et soutenaient la vie ottomane, ont passé à la Russie. La Grèce et les îles sont aux Grecs, la Servie aux Serviens, la Valachie et la Moldavie aux Russes, l'Egypte aux Arabes, le désert aux Bédouins, l'Afrique aux Maures ou aux Français. La mer Noire, réserve et recrutement de l'empire, est perdue. Pour relever Constantinople, il faudrait lui faire reconquérir la mer Noire, la Crimée, la Bessarabie, la Tartarie, le Caucase, la Géorgie, l'Arménie sur les Russes, la Grèce et l'Afrique sur vous-mêmes. Les Russes sont jeunes et grandissent, ils comptent soixante millions d'hommes ; les Turcs sont vieux et découragés, ils comptent quatre millions d'âmes. C'est impossible.

L'empire venant à s'écrouler tout à fait, quelle devait être, de 1834 à 1838, la politique de la France ?

La France devait se dire : Puis-je laisser la Russie, l'Angleterre et l'Autriche, puissances limitrophes, se partager sourdement entre elles ce vaste héritage de la destinée en Orient ? Non, car la Méditerranée est surtout ma mer, et ces puissances en occuperaient ainsi tous les rivages et toutes les positions. Non, car la loi de l'Europe, c'est l'équilibre, et si je le laisse rompre à si grande proportion en Orient, il n'existe plus réellement en Occident. Je dois donc intervenir activement dans ce remaniement de l'empire turc. Mais où puis-je intervenir d'une manière stable, durable et sans que la paix et l'ordre occidental en soit éternellement troublé ? Est-ce à Constantinople, comme me le dit ma vanité ? Non ; qui n'a pas la mer Noire n'aura jamais Constantinople, et la mer Noire est un lac russe. Est-ce en Grèce et dans la Turquie adriatique ? Non, car je serais là interposé entre l'Autriche immensément compromise sur le Danube, et je l'exposerais davantage sans peser sur la Russie. Enfin, est-ce en Égypte, comme mes vieux préjugés napoléoniens m'y portent ? Non encore, car l'Égypte c'est Suez ; Suez, c'est les Indes ; les

Indes, c'est l'Angleterre. Il faudrait, avant de dominer en Égypte, commencer par anéantir l'Angleterre. C'est difficile. Je n'ai donc qu'un point d'intervention accessible et normal dans l'Orient. C'est le centre, c'est Rhodes, Chypre, le littoral de l'Asie Mineure, c'est la Syrie enfin. Là, je ne gêne pas l'Autriche, je ne froisse pas la Russie, je n'étouffe pas l'Angleterre; mais je tiens entre ces deux dernières puissances une position intermédiaire et équilibrante qui empêche leur contact dans l'Asie centrale, et en me portant ici ou là, selon l'occurrence, je fais poids décisif, c'est-à-dire je fais la paix. L'Autriche, qui a pour ses frontières danubiennes et pour son Adriatique le même intérêt préservateur que moi, suit nécessairement ma politique en Orient. L'état de l'Orient ainsi constitué sera donc nécessairement toujours celui-ci : la France, l'Autriche et la Russie contre l'Angleterre, ou bien la France, l'Autriche et l'Angleterre contre la Russie, c'est-à-dire trois contre celle des puissances qui voudra troubler l'équilibre, c'est-à-dire la paix du monde assurée. Sous ce patronage ainsi distribué, les populations du littoral vont se multiplier et travailler. L'échange sera incalculable. L'humanité grandira. L'unité de civilisation se constituera de plus en plus. La France, plus assise et plus présente que qui que ce soit sur la Méditerranée, en profitera comme richesse et comme influence. La Méditerranée redevient la grande route de l'univers, et la France y possède ainsi trois haltes principales : ses côtes d'abord, l'Afrique ensuite, la Syrie enfin. L'Égypte, il est vrai, a un million quatre cent mille âmes, et la Syrie n'en a qu'un million deux cent mille ; mais Chypre complète. Mais l'importance des rades d'Alexandrette et de Satalie compense. Mais l'analogie de religion catholique et le caractère belliqueux, industriel de la population principale de la Syrie, toute dévouée à la France, lui donne là une racine et une force de naturalisation. La Syrie, d'ailleurs, est le point stratégique inexpugnable en Orient.

En vue de ce système, je disais donc, en 1834 : Négociez d'avance avec l'une ou l'autre des trois puissances sur l'éventualité de la décomposition de l'empire. Soyez deux le jour où il faudra agir. Et je disais, en 1838, au moment où Méhémet

menaçait de nouveau Mahmoud : Intervenez tout de suite en
Syrie par une expédition navale et un débarquement de 12
ou 15,000 hommes. Appuyés au Liban et renforcés par les
30,000 Maronites et par les antipathies de toute la Syrie
contre l'Égypte, vous refoulerez en peu de temps Ibrahim en
Égypte, et vous demanderez un congrès à Vienne pour
décider de l'Orient. De deux choses l'une : ou vous trouverez
la majorité dans ce congrès pour un protectorat de l'Orient
ainsi distribué et aussi avantageux à toutes les puissances
protectrices, ou vous trouverez une résistance unanime. Si
vous trouvez majorité ou seulement un allié, l'affaire est
faite, et vous restez en Syrie en l'organisant. Trois siècles
d'Alger ne vous donneront pas ce que ce seul jour vous donne.
On vous trouverez résistance unanime, et alors vous ajournez,
vous ajournez, mais après avoir opéré une intervention déci-
sive contre Ibrahim, démembreur de l'empire, rendu la Syrie
au sultan, votre allié, et rétabli le *statu quo* précaire, mais
enfin ce *statu quo* que vous demandez vainement aujourd'hui.
Voilà mon système d'alors. Voici celui que la chambre adopta
en 1839 :

SYSTÈME DE LA CHAMBRE.

Le *statu quo*, c'est-à-dire l'existence nominale de l'empire
turc dans son intégrité, afin que cette ombre d'empire impose
encore à la Russie le respect de Constantinople, et que la pro-
clamation de cette intégrité prévienne les démembrements au
profit de qui que ce soit. Voilà le système de la chambre. C'est
une apparence et point de fond. C'est un ajournement convenu entre tout le monde. Comme mesure provisoire et neu-
tralisante, il a sa valeur. Son seul mérite, c'était la paix ; mais
il est immense. Nous voudrions bien en être à ce système aujourd'hui.

SYSTÈME DU MINISTÈRE DU 1er MARS.

Dire à l'Europe : Je veux l'intégrité et l'inviolabilité de l'empire ottoman. Dire à la France : Je veux le démembrement
en grand de l'empire ottoman. Dire au sultan : Traitez comme

8

vous pourrez avec votre vainqueur Méhémet, je ne m'en
mêle pas. Dire à Méhémet, sinon par ses envoyés, au moins
par ses journaux et par ses armements : Tenez bon en Syrie,
je suis derrière vous. Puis, dire à la conférence de Londres
qui veut conférer sur les bases de l'intégrité : Je ne veux pas
conférer; laissez le sultan et son vassal s'arranger ensemble.
Puis, quand l'Europe impatientée a conclu une ligue en dehors
de nous, dire à la France : Aux armes! nous sommes trahis
et insultés. Puis, quand on voit que c'est la guerre sérieuse
et générale, reprendre des conférences à Windsor, à Berlin,
à Vienne; puis dire à Méhémet–Ali : Arrangez-vous et cédez!
Puis, quand l'Europe marche en avant et exécute, fortifier
Paris. Puis, quand Paris sera ville de guerre et un milliard
dépensé en préparatifs dont la révolution européenne est une
bombe, dire... : Quoi? je n'en sais rien, mais cela se devine!

Dans tous les cas, on dira paix ou guerre pour dernier mot.
Si c'est paix, qui nous rendra Paris, capitale ouverte et in-
combustible? Qui nous rendra notre milliard? Qui nous rendra notre année perdue en alarmes de tous les intérêts? Qui
nous rendra notre situation de 1839 devant les puissances,
avant le traité de Londres qui les coalise? Qui nous rendra
notre considération diplomatique entièrement perdue par tant
de vanité suivie de tant de faiblesse?

Si c'est guerre, ou nous serons vaincus ou nous serons vainqueurs.

Si nous sommes vaincus dans une lutte universelle et révolutionnaire, fermons les yeux pour ne pas voir les désastres
de la patrie!

Si nous sommes vainqueurs, nous aurons combattu, dépensé
temps, argent et sang à grands flots. La guerre avec l'Angleterre, de 1776 à 1782, nous a coûté deux milliards deux cent
soixante millions. Quel sera le résultat? Le voici : vous ne
prendrez pas Constantinople ou du moins vous ne le garderez
pas. Soixante-dix millions de Russes et de Grecs ne vous laisseront pas dans la main la clef de l'empire slavo-grec. Vous ne
prendrez pas l'Égypte ou vous ne la garderez pas. L'Angleterre et cent millions de sujets britanniques dans l'Inde ne
vous laisseront pas, dans le passage de Suez, la barrière qui

couperait leur monde commercial en deux. Vous ne referez pas
l'empire ottoman de 1770 ; on ne ressuscite pas les morts ;
on ne fait pas un jeune et puissant empire avec un vieux
peuple épuisé. Que ferez-vous donc ? Vous mettrez Méhémet
à la place du sultan ? Oubliez-vous que Méhemet est Arabe et
que Constantinople est turque ? que l'empire est une théocratie ! que la dynastie est un dogme ! que Méhémet est musulman et que toute la Turquie d'Europe est chrétienne ? que
Méhémet est le persécuteur des Grecs, et que les populations
des îles et de la Syrie sont chrétiennes ? Méhémet apparaî-
trait à Constantinople pour y être, pendant quelques jours,
le grand scandale de la chrétienté et de l'islamisme, et y dis-
paraître comme tous les grands scandales, dans la confusion
de l'Orient et dans la honte de l'Europe !

Vous ne feriez donc rien, ou ce que vous feriez, je vais
vous le dire :

Vous obtiendrez de la paix, pour votre protégé Méhémet-
Ali, la Syrie héréditaire jusqu'au Taurus.

Et alors qu'aurez-vous fait pour la France ? La plus ridicule
déception qu'on ait jamais fait subir à un grand peuple. Vous
l'aurez fait combattre contre elle-même. Vous lui aurez fait
sceller de son propre sang son exclusion de toute influence
et de tout avenir dans l'Orient. Vous aurez effacé vous-mêmes
le seul pouce de territoire où vous pouviez mettre le pied et
le drapeau français. Vous aurez contraint à rallier derrière
ce paravent d'Égypte et cette rognure d'empire, les deux
puissances que la nature de leurs ambitions communes con-
damnaient sans cela à s'entrechoquer. Vous aurez mis cette
vaniteuse création de l'Égypte devant les usurpations crois-
santes de la Russie et de l'Angleterre, pour ne pas les voir.
Pendant que vous vous endormirez sur le traité de dupes que
vous aurez obtenu et sur la puissance de votre parodie des
kalifes, l'Autriche, l'Angleterre, la Russie, s'avanceront graduellement à pas communs et sourds sur l'empire en Europe
et sur l'empire en Asie. Ce protectorat que vous n'aurez pas
voulu pour le monde et pour vous, ils ne le déclareront pas ;
ils l'effectueront en silence ; l'empire entier ne sera bientôt
que la Valachie de tout le monde. Il y aura un turban sur la

carte, mais la main des trois partageants sera cachée sous ce
turban; la vôtre en sera exclue. La Servie et la Bulgarie seront données en garantie du Danube à l'Autriche; la Russie
et l'Angleterre traceront une grande ligne qui coupera en
deux le monde asiatique et méditerranéen, depuis le Thibet
et la Chine jusqu'au Pont-Euxin et à Suez; elles referont en
en sens inverse la route que tracèrent *Gingiskan*, *Timour* et
Nadyr-Scha, à travers la Perse, le Caboul et l'Inde. Ce ne sera
pas vous qui y passerez; mais, grâce à Dieu qui se joue de
l'inhabileté des hommes, ce sera encore la civilisation! Quant
à vous, l'ubiquité de la puissance russe et de la puissance anglaise en Orient vous aura chassés de partout. Mais vous serez
consolés; il y aura un pacha musulman au Caire, comme il
y avait un Tippo-Saëb à Seringapatnam et comme il y a un
Abdul-Medjid à Constantinople! Voilà la destinée que vous
faites à vos amis, voilà la part que vous faites à vos rivaux,
voilà l'avenir que vous préparez à la France!

Que nous importe! dites-vous dédaigneusement; nous
aurons l'Italie et les limites du Rhin. L'Italie? les limites du
Rhin?... Peut-être qu'au point où en sont venus les intérêts
des peuples, un bon traité de commerce, une suppression
mutuelle du système de douanes entre les nations, valent autant qu'un drapeau et une sentinelle portés à quelques pas
plus loin vers une rivière ou vers une montagne. Mais à supposer que l'Italie et la limite du Rhin soient l'achèvement de
la France, je vous dirai ce que je n'ai cessé de vous dire depuis cinq ans. Les limites du Rhin? l'Italie?... vous n'aurez
rien de tout cela sans alliance. L'Italie, elle est au-delà du
Danube!... Les limites du Rhin, elles sont à Constantinople!...

À tout cela les porte-voix des ministres ne répondent que
par un sarcasme, et n'ont pas même le mérite d'en inventer
deux. Ils crient au poëte! ils proclament la majestueuse supériorité de l'expédient et de la routine sur la pensée dans la
conduite de ce bas monde. Que répondre? L'expédient et la
routine ont fait leurs preuves; la pensée moins souvent. Je
ne sais pas si les peuples pourront jamais être gouvernés par
les philosophes, mais ce que je sais c'est qu'ils se dégoûtent

vite du gouvernement des tribuns. Vous craignez les philosophes et les poëtes dans vos affaires ? Quand on voit vos actes, on sait pourquoi. Vous ne voulez pas que la politique grandisse, afin qu'elle reste à la proportion de ceux qui la manient. Que les peuples pourtant ne s'y trompent pas ! tout gouvernement sans philosophie est brutal ; tout gouvernement sans poésie est petit. Louis XIV était la poésie du trône, et c'est pourquoi il est Louis XIV. Napoléon fut la poésie du pouvoir ; 92 fut la poésie du patriotisme. La Convention même fut la funeste poésie du crime. Si le gouvernement de Juillet était tombé en d'autres mains que les vôtres, il pouvait être la poésie du peuple. La France ne fut-elle pas toujours le philosophe armé de l'Europe ? n'est-elle pas le poëte des nations ? Qu'en avez-vous fait ?

FIN.

TABLE.

———

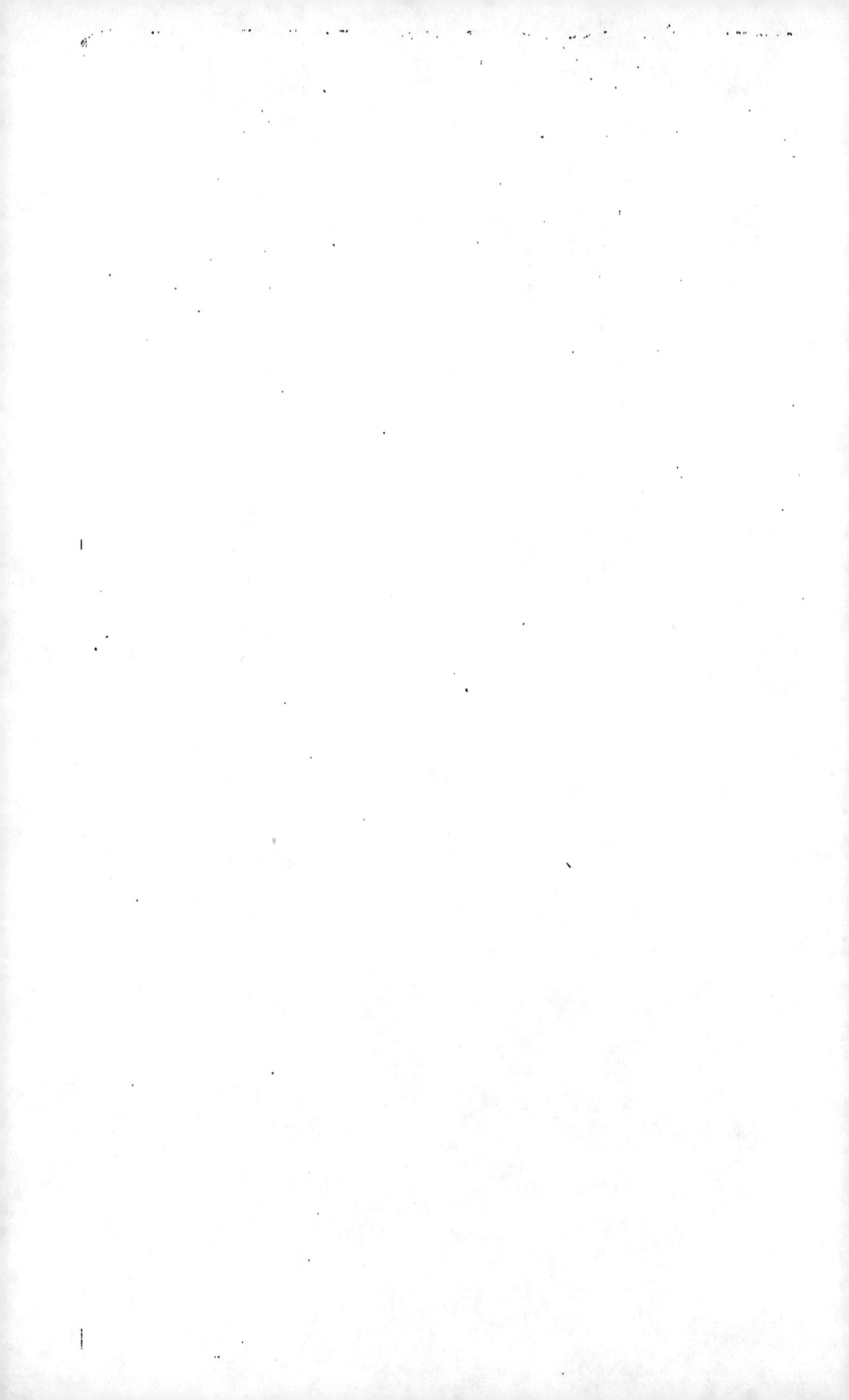

www.ingramcontent.com/pod-product-compliance
Lightning Source LLC
Chambersburg PA
CBHW071953110426
42744CB00030B/1229